よくわかる
公的扶助論

低所得者に対する
支援と生活保護制度

増田雅暢
Masanobu Masuda

脇野幸太郎
Kotaro Wakino

編

法律文化社

は し が き

　本書は、「公的扶助論」と題しているが、社会福祉士養成カリキュラムに社会福祉士の国家試験受験のための指定科目とされている「低所得者に対する支援と生活保護制度」（2021年以降は、「低所得者に対する支援」）の内容に合わせて作成したものである。大学や短大、社会福祉士指定養成施設等において、国家試験受験指定科目としての公的扶助論のテキストとして使用できるように、社会福祉士養成カリキュラムが要請している内容はすべて網羅している。

　公的扶助とは、経済的に生活に困窮している者に対して、国等の公的責任において、経済的支援・救済を行う制度」である（本書第1章参照）。日本の制度で、公的扶助制度の中心となるものは生活保護制度である。

　生活保護の被保護者の数は、第二次世界大戦直後は200万人を超えていたが、経済成長とともに徐々に減少傾向となり、1995年には88万人となった。ところが、その後反転上昇をして、2011年には200万人を超えた。当時は、実に59年ぶりに200万人超となったことで大いに話題を集めた。1990年代以降のデフレ経済といわれた経済不況、所得が低い非正規労働者の増大、所得格差の拡大、無年金・低年金等の高齢者の増大等、様々な要因から生活保護の利用者が急増した。

　貧困に対する支援方法も、生活保護制度ばかりでなく広がりをみせている。「ホームレスの自立の支援等に関する特別措置法」が制定されたのは、都市部におけるホームレス問題が課題となった2002年のことであった。子どもの貧困が社会的課題となったのは、2000年代からであり、2013年には「子どもの貧困対策の推進等に関する法律」が制定され、子どもの貧困対策大綱が策定されるようになった。生活保護の適用には至らない低所得者支援策として、「生活困窮者支援法」が制定されたのは2015年のことであった。

　本書は、こうした公的扶助制度をめぐる近年の政策動向も踏まえて構成されている。

まず、第1章で、公的扶助の定義や生活保護制度の重要性等について解説する。

　第2章では、貧困や格差とは何かという点を中心に、低所得者を取り巻く社会情勢について解説する。

　第3章では、生活保護制度の仕組みを簡潔に解説する。

　第4章では、生活扶助基準の設定方法の変遷など生活保護基準の考え方を解説する。

　第5章では、生活保護の中でも対象者が多い医療・住宅・介護の各扶助について解説する。

　第6章では、各種データを基に、生活保護の動向を解説する。

　第7章では、生活困窮者自立支援法と、被保護者に対する自立支援プログラムや就労支援について解説する。

　第8章では、国や地方自治体、福祉事務所という生活保護の運営実施体制と関係機関・団体について解説する。

　第9章では、生活保護の財政的側面について解説する。

　第10章では、ホームレス自立支援法や子どもの貧困対策推進法、生活福祉資金貸付制度等の生活保護制度以外の低所得者対策について解説する。

　第11章では、海外と日本における公的扶助の歴史を解説する。

　第12章では、生活保護をめぐる代表的な裁判の判例について解説する。

　以上が本書の全体構成であるが、大学等の公的扶助論のシラバスに対応できるような構成であり、また、講義の順番のために各章の順番を入れ替えて講義をされても問題はない。特に、第12章の生活保護をめぐるこれまでの判例をコンパクトにまとめたものは少ないので、生活保護制度の理解を深めるうえで参考になるものと考えている。

　各章の執筆者は、大学等で公的扶助論の講義を担当している若手の学者が中心となっている。大学等で学ぶ学生にわかりやすく、かつ、最近の政策や社会情勢の変化等を適切に反映するように心掛けた記述としている。

　本書が、公的扶助論、その中の生活保護制度の内容・歴史・判例、さらには低所得者に対する各種支援などを学ぶ多くの学生、あるいは生活保護制度など

の低所得者支援策に関心がある方々、実際に低所得者支援に携わっている実務者の方々の学習の参考になれば、執筆者一同喜びに堪えないところである。

2019年9月15日

編　　者

目　　次

■コラム目次

第1章

生活保護とは何か

1 生活保護の重要性

**生活保護が
テレビドラマに** 　2018年7月から9月にかけてフジテレビで放送され
たドラマ「健康で文化的な最低限度の生活」をみた
ことがあるだろうか? 　テレビドラマとしては珍しく、生活保護をテーマとし
ている。固い印象を与えるタイトル名であるが、これは、憲法25条の有名な条
文、国民に対して生存権を保障した規定の表現からとられたものである。

　ドラマは、区役所の生活課に配属された新人公務員(吉岡里帆が演じる)が、
生活保護を担当するケースワーカーとして保護受給者に関わり、大いに戸惑
い、多くの失敗もしながらも、受給者の自立支援のために奮闘する様子を描い
ている。失業して労働意欲を欠く初老の男性、高校生の子どもが届出なしのア
ルバイトをしたためにアルバイト収入の返還を求められる母子家庭、夫のDV
のために離婚した母親が子どもに厳しくあたる母子家庭、障害のために働くこ
とができない中年の男性、独善的な父親との関係に悩み自殺未遂を起こした青
年、育児放棄の若い母親など、大学を卒業したばかりの若いケースワーカーに
は手に余りそうな事例が具体的に描かれる。吉岡里帆を指導する先輩や上司と
して、井浦新や田中圭が演じる役があり、同期の職員として、山田裕貴や川栄
李奈といった若手俳優が出演している。全体として、新人ケースワーカーの成
長物語としてみることができる。生活保護の現場の実態や福祉事務所のケース
ワーカーの仕事ぶりや仕事の内容を知ることができる良いドラマである。

> **コラム1-1　テレビドラマの原作の漫画**
>
> 　このテレビドラマの原作は、柏木ハルコ『健康で文化的な最低限度の生活』（小学館コミック）である。
>
> 　「生活保護」をテーマにしたコミック。大学卒業後、福祉事務所でケースワーカーとして勤めることとなった若い女性を主人公として、生活保護受給者との間のトラブル、ケースワーク業務の難しさや面白さを描く。生活保護の実態を浮き彫りにするとともに、大勢のケースワーカーの登場により、ケースワーク業務の魅力を伝える。2019年6月時点で、既刊8巻で累計70万部を超えるヒット作になっているという。

**長 い 人 生 と
生活上のリスク**　ドラマ「健康で文化的な最低限度の生活」の中では、人々が様々な理由から生活保護を必要としている状況が描かれている。基本となるのは、生活保護を受けなければ、健康で文化的な最低限度の生活を営むことができない人がいる、ということである。

　2017年現在の日本人の平均寿命は、男女とも80歳を超えており、特に女性は90歳に近づいている。今や、2017年生まれの人が90歳まで生存する割合は、男性で4人に1人、女性では2人に1人となっている。近年では「人生100年時代」という言葉が一般化してきた。

　このように人生が長くなると、私たちは、いつ何時、生活上の安定が損なわれるかもしれないという「**生活上のリスク（危険）**」を抱えている。例えば、図表1-1のとおり、様々なリスクに遭遇する可能性がある。

　私たちの生活は、基本的には、一人一人が自分の努力や、家族の協力等によ

図表1-1　生活上のリスクの例

リスクの種類	リスクによる影響の例
病気のリスク	医療費がかかる。勉強ができない。仕事ができない。収入が減る。
子育てのリスク	子育て費用がかかる。教育費がかかる。保育所の利用が難しい。
事故（例えば交通事故）のリスク	仕事ができない。障害を抱える。医療費がかかる。収入が減る。
失業のリスク	生活費を稼ぐことができない。生活が苦しくなる。
老後のリスク	生活費が足りない。要介護状態になる。他人の世話が必要となる。

り支えられ、日々営まれていくものである。しかし、突然の病気や失業、仕事のない高齢期など、自分の努力や家族の協力では支えきれないリスクがある。こうしたリスクに見舞われた場合でも、リスクの影響をできる限り小さくして、生活が不安定にならないようにする社会的な仕組みが社会保障制度である。

　例えば、前述したリスクの中で、病気になった場合の医療費の問題に対しては、公的な医療保険制度が対応している。国民健康保険や健康保険などである。学生の皆さん方も、医療保険の被保険者証があれば、低い患者負担で医療サービスを受けることができることを実体験してきたことだろう。失業のリスクに対しては、雇用保険がある。雇用保険を通じて、失業期間中に失業手当が支給されるので、これにより生活を支えて、次の仕事を見つけることができる。老後の経済的リスクに対しては、公的な年金制度がある。基本的に65歳以上になれば老齢年金を受けることができることにより、高齢期の生活が支えられる。

**最後の　　　　**
セーフティネット こうした個別の社会保障制度では対応しきれない事態が生じることもある。例えば、病気にかかったときに医療保険で対応するにしても、家計の収入がなければ、患者が負担しなければならない一部負担を支払うことができない。失業期間中に支給される失業手当には給付期間が決められており、その期間を過ぎると支給されない。また、高齢期の年金であるが、現役世代に保険料を支払っていなかった、あるいは支払期間が短かったという場合、無年金者や低年金者となり、高齢期の生活の維持が大変となる。

　このように、個人の自助努力や、一般的な社会保障制度では生活を維持できない場合の最後の手段として、生活保護制度がある。生活保護の適用を受けることにより、日本国憲法が全国民に保障する「健康で文化的な最低限度の生活」を送ることができることになる。生活保護制度が「最後のセーフティネット」と呼ばれるゆえんである。

生活保護により
安定した生活 厚生労働省調査では、2018年4月現在の生活保護受給者数は約210万人となっている。これは、全人口

3

の1.66％である。1000人いると16人が生活保護を受けているということになる。世帯数でいうと約164万世帯だ。これは、全世帯の約2.8％である。100世帯あると3世帯が生活保護世帯という割合になる。

このように生活保護を受けている人・世帯は、社会の中で少なからず存在している。ただし、生活保護を適用されるには、福祉事務所に申請し、**ミーンズテスト（資力調査）**を受けたり、親族の扶養義務者の扶養能力まで審査されたりするなど、受給に「恥ずかしさ」や「汚名」（これらを「**スティグマ**」という）が伴う。

しかし、本書で説明するとおり、生活保護は基本的人権のうちの代表的な権利、生存権を保障するものである。さらに、現在受給していない人・世帯でも、長い人生の間に病気・失業等の不測の事態に見舞われて、生活保護の利用に至るかもしれない。あるいは、身近な親族の方で生活保護を利用する人が出るかもしれない。生活保護を利用することは、決して恥ずかしいことではない。生活保護を利用しながら、貧困状態から脱却して安定した生活を送ることができたり、自力で生活できるようにするための準備をしたりするということが重要なのである。

世界的な大ベストセラー『ハリー・ポッター』シリーズの著者、ローリング（Rowling, J. K.）はデビュー前には、イギリスの生活保護により生活を支えていたという話は有名である。貧困者の生活保障制度である生活保護があったので、この著者は自分の生活を維持することができ、本を書き、世界的なベストセラー作家になった。このように、生活保護は、私たちが、収入がなくて苦しい状態に陥ったときに、生活状態の改善や自己実現に役立つという積極的な一面をもっている。

生活保護は他人事ではない

生活保護の利用は決して他人事ではない。「人生100年時代」と呼ばれる長い人生の中では、誰でも、病気や事故、失業など不測の事態に見舞われる可能性がある。自助努力や家族の協力等により対応できる場合はよいとしても、社会保障制度の活用など様々な手段を講じても対応できないときに、「最後のセーフティネット」として生活保護の存在意義がある。

　第6章で生活保護の動向についての説明があるが、生活保護受給者は、1960〜70年代の高度経済成長期には減少したが、1990年代半ばから増加を続けることとなった。その背景には、長引く経済不況の中での所得格差の拡大、非正規労働者の増大による世帯収入の停滞、高齢化の進行による無年金・低年金高齢者の増大等の経済的・社会的要因がある。

　第2章で、2000年代の社会経済状況や、わが国における所得格差の状況の解説がある。1980年代頃は「一億総中流時代」という言葉が使われたように、高度経済成長の恩恵で、誰もが一定水準の生活を享受できるようになったと考えられた。しかし、いわゆるバブル景気崩壊後の1990年代から経済成長は低迷し、やがて1990年代末期の金融危機や2008年のリーマンショック等の時期に、「リストラ」と呼ばれた人員整理や、「派遣切り」と呼ばれた労働者派遣の打ち止め等により、雇用情勢が不安定化した。それに伴い、生活保護の適用を受けなければ生活を維持できない人々が急増した。

　個人でみても、世帯でみても、2％前後の人・世帯が生活保護を受給しているということは、生活保護が身近な制度になっていることを示している。生活保護制度の内容を学習することは、学生自身にとっても、これからの長い人生において役に立つことがあるだろう。

　また、生活保護は、社会保障制度の中でも極めて重要な制度である。生活保護の理念や仕組み、実情等について学習することは、ソーシャルワーカーなど社会福祉の現場で仕事をするうえでは必須の知識である。社会福祉士国家試験受験資格の科目として、公的扶助論（厚生労働省のカリキュラム名称では「低所得者に対する支援と生活保護制度。2021年以降は「低所得者に対する支援」」）は必須科目となっている。

2　公的扶助としての生活保護

公的扶助とは何か　生活保護は、生活保護法に基づく制度であるが、社会保障制度の中で、生活保護を分類すると、公的扶助のジャンルに入る。「扶助」とは「助けること」を意味する。「公的」には、

5

様々な意味合いがある。国や地方自治体等の行政機関が責任・運営主体となること、法に基づく制度であること、財源は公費（税金）を充てること、という性格をもつことを意味する。したがって、**公的扶助**とは、「経済的に生活に困窮している者に対して、国等の公的責任において、その者に対して、経済的支援・救済を行う制度」と定義できる。

公的扶助という言葉は、英語の「Public Assistance」の訳語である。制度的には、第11章で説明するとおり、イギリスで1600年に成立した「救貧法」に端を発する制度である。ただし、現代的な制度となったのは、基本的に20世紀に入ってからである。

公的扶助の具体的な制度は、その概念や制度内容は統一されているものではない。名称も各国で異なる。例えば、イギリスの場合、公的扶助に分類される制度として、所得補助 (Income Support) や求職者手当 (Jobseeker's Allowance)、さらに社会基金 (Social Fund) の制度がある。ドイツでは、社会扶助 (Sozialhilfe) と呼ばれる。フランスでは、社会扶助 (aide sociale) が基本で、家族給付や社会ミニマムの制度の公的扶助に該当するものがある。韓国では、2000年10月から施行されている国民基礎生活保障制度がある。

日本では、生活保護制度（厚生労働白書の訳語によると、Public Assistance System）が中心である。生活困窮者自立支援法に基づく給付や、児童扶養手当等の低所得者向けの社会手当も、公的扶助の範疇に入るものである。（公的扶助の歴史は第11章参照）

公的扶助としての 共　　通　　性	ここで先進国の**公的扶助**制度に共通する内容を取り出すと、次の事項となる。

①貧困状態、すなわち経済的困窮の状態にある者に対して支援が行われること

②支援の方法は、公的機関が支給する現金または物品の提供により行われること

②法律に基づき、国の公的責任の下に運営・実施されること

③財源は、国や地方自治体の予算（公費）によって全額賄われること

④一定の要件に該当する国民は、申請あるいは請求権をもっていること

公的扶助と私的扶助　公的扶助の対になる言葉として、**私的扶助**がある。これは、経済的に生活に困窮した場合に、個人や私的団体が主体となって扶助を行うこと、あるいは、私的な手段により扶助を行うことをいう。

公的扶助制度が整備される以前は、私たちの社会は、個人の努力や家族間の協力、地域の人々の助け合いによって、私たちの生活が支えられてきた。私的扶助の世界であったが、お互いの助け合いを 4 文字熟語で「**相互扶助**」という。

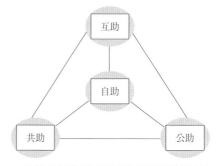

図表 1 - 2　自助・互助・共助・公助の相互関係の図

(出典) 介護福祉士養成講座編集委員会編『社会と制度の理解〔第 5 版〕』(中央法規、2017年) 64頁をもとに筆者一部修正

あるいは、「自助」「互助」「共助」「公助」という概念で、私たちが長い人生を生きていくうえでの、社会との関係性を説明することができる。

「**自助**」とは、文字どおり「自分で自分を助けること」、すなわち、「他人の力を借りずに自分の力を頼りとすること」、「**互助**」とは「お互いの助け合い」、すなわち家族・親族や近隣の人たちといったインフォーマルな助け合い」を指す。「**共助**」とは、民間保険のような制度化された相互扶助であり、社会保険も共助に位置づけられている。最後に、「**公助**」とは、自助・互助・共助では対応できない事態に対して、社会全体の仕組みで対応することを指す。公助には、各種社会福祉制度が該当するが、その中でも、公的扶助は、公助の世界の中心に位置づけられるものである。

公的扶助と社会保険　社会保障制度の仕組みを大別すると、社会保険 (Social Insurance) と、社会扶助 (Social Assistance) に分かれる。

社会保険とは、公的機関が保険者となり、保険の技術を用いて、保険料を財源として給付を行う仕組みである。「保険の技術」とは、ある共通の危険 (事故) にさらされている多数の者が 1 つの集団を構成し、各自が被保険者としてあら

かじめ保険料を拠出しておいて、事故が起きたときにはその保険料の集積から保険金給付を行い、損害を補填することをいう。簡単にいえば、保険料を拠出しておいて集団で危険（リスク）を分散し、ひとたび事故が起きれば集団で対応する仕組みである。

　ヨーロッパの海運の世界を中心に民間の損害保険が発展していったが、国が関与する社会保険制度が創設されたのは、19世紀後半のドイツであった。当時、「鉄血宰相」と呼ばれたビスマルク首相の指導のもとで、医療保険をはじめとする各種の社会保険制度が創設された。ドイツの経験を踏まえ、20世紀に入り、ほかの西欧諸国や日本においても社会保険制度が整備されていくこととなった。

　現在の日本では、年金保険、医療保険、介護保険、雇用保険、労働者災害補償保険（労災保険）の5つの制度が存在する。

　他方、**社会扶助**とは、租税を財源にして保険の技術を用いずに給付を行うものであり、国や地方自治体の施策として、国民や住民に対して現金またはサービスの提供を行う仕組みである。社会扶助の中で代表的な制度は、貧困者を救済する公的扶助であるが、児童福祉、障害児者福祉、高齢者福祉、母子父子寡婦福祉などの各種福祉制度も、社会扶助の仕組みである。

公 的 扶 助 の 特 徴　社会保険と比較をしながら、公的扶助の特徴を整理してみよう。なお、ここでは公的扶助として日本の生活保護を当てはめている。

　①適用条件　社会保険は強制加入であるのに対し、公的扶助は生活保護を必要とする者が申請することを原則としている。

　②対象　社会保険は国民（医療保険、年金保険、介護保険）または被用者（雇用保険、労災保険）であるのに対し、公的扶助は国民の中の貧困者に限られる。

　③財源　社会保険は社会保険料中心で、制度により国庫負担等が入るが、公的扶助は国・地方自治体の租税を財源とする公費である。

　④自己負担　社会保険では、保険料負担以外に、サービス利用時に利用者負担を求められるが、公的扶助では利用者の自己負担はない。

　⑤給付水準　社会保険では、特定の保険事故について賃金に応じた比例ま

図表1-3　社会保険と公的扶助の比較

	社 会 保 険	公 的 扶 助
適用の条件	強制加入	申請
対　象	国民、被用者	国民の中の低所得者
財　源	社会保険料中心	公費（租税）
自己負担	有償（本人の保険料負担やサービス使用の際の一部負担）	無償（本人の負担なし）
給付水準	賃金比例・均一額	最低生活費（差額不足分）
給付期間	おおむね有期	無期
給付の開始	事故の発生（自動的）	生活困窮の事実（資力調査）
受給の資格	被保険者本人（及びその家族）	資力調査を受け、貧困の事実認定がなされた者
機能の相違	防貧的	救貧的

（資料）社会福祉士養成講座編集委員会編『低所得者に対する支援と生活保護制度〔第4版〕』（中央法規出版、2016年）、5頁（筆者一部修正）

　たは均一であるのに対し、公的扶助では一定の基準により設定された最低生活基準が定められており、収入がそれを下回る場合に不足分が補填される。
　⑥給付期間　　社会保険では年金以外はおおむね有期であり、公的扶助も一定の条件に該当している間に支給を受けるという有期である。
　⑦給付の開始　　社会保険は、あらかじめ定められた保険事故が発生すれば自動的に給付が開始されるが、公的扶助は、申請後資力調査等を経て、地方自治体の受給決定後に給付が始まる。
　⑧受給資格　　社会保険では保険に加入し、所定の保険料を納付することにより受給資格が発生するのに対し、公的扶助は資力調査を経て、最低生活ライン以下であるという貧困状態の事実認定を行うことにより保護の受給資格が生じる。
　⑨機能の相違　　社会保険は、事故にあったときに保険給付が行われることにより貧困になることを防ぐ（**防貧機能**）のに対し、公的扶助は、貧困状態になっている者を支援する（**救貧機能**）。

公的扶助の意義と役割	社会保険との比較で公的扶助の特徴が明らかとなっ

たが、これを踏まえて、社会保障制度の中での公的
扶助の意義と役割を整理してみよう。

公的扶助は、第1に貧困対策としての重要な役割を有している。次に、所得
再分配やナショナルミニマムの保障、セーフティネットとしての機能を有して
いる。

(1) **貧困対策**　　前述したように、公的扶助は、貧困者、すなわち経済的に
困窮して日常生活の維持が困難な者に対して、最低限度の生活を保障すること
により、生活の安定と安心をもたらすものである。就労等の個人の努力（自助）
や家族・知人等の協力（互助）、民間保険・社会保険の活用（共助）、資産、他
の社会保障制度を利用しても、最低生活のレベルを維持できないときに、公的
扶助の適用（公助）により、生活の安定と安心を得ることができる。「救貧」と
いう役割に最もふさわしい制度である。

(2) **所得再分配機能**　　所得再分配とは、社会保障制度や租税制度を通じて、
所得を個人や世帯の間で移転させることにより、所得の再分配を行い、所得格
差を縮小させたり、低所得者の生活の安定を図ったりする機能である。

所得再分配には、垂直的再分配や水平的再分配、世代間の再分配がある。垂
直的再分配とは、高所得層から低所得層への所得再分配であり、公的扶助制度
はその代表例である。これに対し水平的再分配の例として、医療保険制度があ
る。これは主として保険料を財源として「健康な人」から「病気の人」への所
得再分配である。世代間の再分配としては、公的年金制度が代表例であり、保
険料を財源とした現役世代から高齢世代への所得再分配である。

(3) **ナショナルミニマム保障機能**　　ナショナルミニマム（national minimum）
とは、国民の最低限の生活の意味である。福祉国家の社会保障政策では、ナ
ショナルミニマムの保障が基本とされている。ナショナルミニマムの考え方
は、19世紀末にイギリスのウェッブ夫妻（ウェッブ（Webb）夫妻は、イギリスの
研究者。労働組合運動や社会正義の実現に尽力した）により提唱された。その後、
第二次世界大戦後のイギリスの福祉国家建設の基本となった「ベヴァリッジ報
告」（イギリスの学者・行政官であったベヴァリッジ（Beveridge）が、首相の諮問を受

け、委員長として取りまとめ1942年に発表した報告書）の中で、ナショナルミニマムの保障が社会保障の基本理念とされた。

　社会保障制度の中で、ナショナルミニマムの保障と最も関係が深いものが公的扶助である。公的扶助制度により保障される水準が、ナショナルミニマムとされる。

　(4)　**セーフティネット機能**　　近年、社会保障のことを**セーフティネット**（safety net）という言葉で説明することが一般的となった。セーフティネットとは、もともとはサーカスの空中ブランコなどの際にうっかり落下してもけがをしないように床の上に張られた網（安全網）のことである。そこから転じて、社会や日常生活である事態が悪化しないように防止する仕組みまたは装置のことをいうようになった。

　病気やけが、介護、失業や働いて収入を得る能力（稼得能力）を失った高齢期、不測の事故による障害など、生活の安定を損なう様々な事態、あるいは出産・子育て、障害、介護など社会的支援が必要な場面に遭遇したときに、直ちに生活困難とならないように、各種の社会保障制度がセーフティネットとしての役割をもっている。

　サーカスの空中ブランコから落下した場合に備えるセーフティネットは1種類であるが、社会保障の場合には、病気、失業、高齢期など様々な事態に備えて、何種類ものセーフティネットが重層的に張り巡らされている。こうした社会保障のセーフティネットの中でも、最終的なセーフティネット機能を果たすものが公的扶助である。

　なお、近年、公的扶助の具体的な制度である生活保護制度の見直し議論の中で、生活保護制度は「**最後のセーフティネット**」または「第3のセーフティネット」と呼ばれることがある。この場合、「第1のセーフティネット」は、医療保険や年金保険等の社会保険制度や、雇用保険および労災保険の労働保険制度を、「第2のセーフティネット」は、生活困窮者対策や求職者支援制度を指している。

3　生活保護と憲法25条

憲　法　25　条

生活保護制度は、**憲法25条**が規定する生存権の保障を生活保護法に基づき具体化したものである。それでは、憲法25条とはどのような規定なのか学習しよう。

　日本国憲法は、第二次世界大戦後の1946（昭和21）年に制定され、同年11月3日に公布、半年後の1947（昭和22）年5月3日から施行された。憲法は、綿国の社会や政治の在り方を定めるとともに、国民の基本的人権を保障する国の最高法規である。

　憲法に基づき、様々な法律が国会において制定されるが、憲法の規定に反する違憲の法律は制定することができない。社会保障関係の法制度も憲法を法的基礎、すなわち法源としている。社会保障関係の法制度の主たる法源の規定として、**憲法25条**がある。

日本国憲法
第25条　すべて国民は、健康で文化的な最低限度の生活を営む権利を有する。
②　国は、すべての生活部面について、社会福祉、社会保障及び公衆衛生の向上及び増進に努めなければならない。

生　存　権

憲法25条1項では、国民が健康で文化的な最低限度の生活を営む権利を保障している。この権利を、**生存権**という。「**健康で文化的な最低限度の生活**」とは、「人間の尊厳にふさわしい生活」（世界人権宣言23条3項）を意味する（宮澤俊義・芦部信喜『全訂日本国憲法』日本評論社、1978年）。

　生存権とは、基本的人権の中の社会権の中核的な権利である。憲法が規定する社会権には、生存権のほかに、教育を受ける権利（26条）、勤労の権利（27条）、労働基本権（28条）がある。

　基本的人権は、18世紀末のフランス革命やアメリカの独立過程で、フランス人権宣言（1989年）やアメリカ諸州憲法の中の人権宣言の規定で明確にされた。

その頃の基本的人権は、国家に対して個人の自由な意志決定と活動を保障する**自由権**が中核になっていた。精神的自由権、経済的自由権、人身（身体）の自由等があった。その後、19世紀末から資本主義の進展に伴って生じてきた失業や貧困、労働条件の悪化などの弊害から、社会的・経済的弱者を守るために、20世紀になって保障されるに至った権利が**社会権**である。自由権が「国家からの自由」と呼ぶとしたら、社会権は「国家による自由」と呼ぶことができる。このように、社会権は、社会的・経済的弱者を保護し、自由や平等を実現するための権利である。そこで、社会権は、国家に対して権利の実現を請求できる権利であるが、一般的にはそのような施策を具体化する立法が行われて請求権が具体化すると考えられている。後述する憲法25条と生活保護法との関係が、これに該当する。

25条1項と2項　憲法25条1項では、「すべて国民は、健康で文化的な最低限度の生活を営む権利を有する」と規定する。国が全国民に対して生存権を保障することを宣言している。また、この規定は、国家がすべての国民に最低限の生活を保障すべきというナショナルミニマムの理念を反映している。

　2項では、「国は、すべての生活部面について、社会福祉、社会保障及び公衆衛生の向上及び増進に努めなければならない」と規定する。これは、1項の趣旨を実現するために、国に対して、生存権の具体化に向けて努力する義務を課している。なお、ここでいう「国」には地方自治体も含まれると解されている。2項を受けて、生活保護法、児童福祉法、老人福祉法、身体障害者福祉法などの社会福祉関係法、国民健康保険法、国民年金法、厚生年金保険法、雇用保険法、介護保険法等の社会保険関係法が立法され、社会保障制度の整備が進められてきた。また、医療法や地域保険法、食品衛生法等の公衆衛生のための法制度の整備が図られてきた。

生存権の法的性格　憲法25条が保障する**生存権の法的性格**については、朝日訴訟や堀木訴訟など、最高裁判所まで争われた裁判を通じて、一定の解釈が示されている（朝日訴訟や堀木訴訟の概要については、第12章を参照）。

図表1-4　憲法第25条が保障する生存権の法的性格に関する3つの学説

①具体的権利説
　憲法第25条は、直接に国民に対して具体的な権利を与えたものである。法律が存在しない場合でも、憲法の本条を根拠として訴訟を起こすことができる。
②プログラム規定説
　憲法第25条は、国政の目標または方針を宣言したプログラム規定である。国民の生存権を保障するよう政治的・道義的義務を課したものにすぎず、個々の国民に対して直接、具体的な権利を保障したものではない。
③抽象的権利説
　生存家は法律によって初めて具体的な権利になるものであるが、憲法第25条は、国に立法、予算を通じて生存権を実現すべき法的義務を課している。

（出典）介護福祉士養成講座編集委員会編『社会と制度の理解〔第6版〕』（中央法規出版、2017年）84頁、筆者一部修正

　図表1のとおり、3つの学説がある。一般的には、25条は、「国民の生存を確保すべき政治的・道義的義務を国に課したにとどまり、個々の国民に対して具体的権利を保障したものではない、と説かれることが多い」（芦部信喜『憲法〔第4版〕』（岩波書店、2007年））とされてきた。表にあるプログラム規定説である。ただし、学説では、抽象的権利説が有力である。
　生存権を具体化した法律が生活保護法であるので、生活保護法をもって生存権は具体的な権利として明確になったということができる。

コラム1-2　日本人が規定した憲法25条1項

　日本国憲法は、第二次世界大戦後、日本を占領下においたGHQ（連合国軍最高司令官総令令部）が作成した案を基に、当時の政府が憲法改正案をつくり、国会に提出した。提出された憲法改正案では、25条の原案は、「法律は、すべての生活分野について、社会の安定及び安寧並びに公衆衛生の向上及び増進のために立案されなければならない」というものであった。現在の25条1項は、国会審議中に、主として社会党（当時）の主張に基づいて、衆議院における修正により加えられた。原案の条文は、字句が修正されて、2項とされた。このように、憲法上重要な25条1項は、GHQではなく、日本人の提案により規定されたものであった。

**社会保障制度の中の
生　活　保　護　制　度**

社会保障を定義すれば、「広く国民を対象にして、個人の責任や自助努力では対応しがたい事態（リスク）に対し、公的な仕組みを通じて、健やかで安心できる生活を保障すること」である。もう少し具体的にいえば、社会保障とは、病気や事故、出産・子育て、障害、失業、老齢などで生活が不安定になったり、社会の支援が必要になったりした場合に、健康保険や年金制度、社会福祉制度などの公的な仕組みを活用して、不安定な状況を脱出して健やかで安心できる生活を保障することである。そのためにつくられた様々な公的な仕組みを社会保障制度という。

　これまで述べてきたとおり、公的扶助である生活保護制度は、「**最後のセーフティネット**」と呼ばれている。すなわち、社会保険の各制度、社会福祉の各制度でも健やかで安心できる生活が保障されないときに、生活保護制度の登場となる。生活保護制度は、すべての社会保障制度の基盤的役割を担っている。

第 2 章

低所得者を取り巻く社会情勢

1　貧困とは何か

「貧困」の捉え方の
多　　様　　性　　　最近、「子どもの貧困」や「下流老人」、「貧困世代」
等、子どもや高齢者あるいは若者の貧困問題が取り
上げられ、議論されることが少なくない。ただ、そうした議論において、何が
「貧困」と捉えられているかは、必ずしも明確でなく、むしろ異なったイメー
ジで捉えた者同士が議論している事が少なくない。例えば、毎日の食費等にも
事欠く、生活することさえ厳しい状態になって初めて「貧困」であると考えて
いる人もいれば、毎日の食事等の生活は何とかできても、新しい洋服やテレ
ビ、携帯電話等を購入することができないため、近所の人との付き合いや共通
の話題をもつことができない状態であれば「貧困」であると考える人もいるだ
ろう。こうした各人による「貧困」のイメージの違いが、議論のすれ違いや、
場合によっては生活保護受給者へのバッシング（「生活保護を受けているのにぜい
たくだ」等）に繋がっている場合もあると思われる。

　貧困については、一般に「絶対的貧困」と「相対的貧困」があるとされてい
る。「絶対的貧困」とは、人間が生活するために必要な条件さえ満たすことが
できないような貧困状態、上記の例であれば前者の状態として、「貧困」を捉
える考え方である。これに対して、生活はできるが、社会の大多数の人々と同
じ生活水準や生活スタイルを送ることができない状態、上記の例であれば後者
の状態を「貧困」と捉える考え方は、その社会の大多数の人々との比較で貧困
を捉えることから「相対的貧困」と呼ばれる。

コラム2-1　チャールズ・ブース（1840-1916）
　イギリスにおける大規模な社会調査の先駆者。汽船会社の経営者として事業を発展させるかたわらで、私費を投じて17年かけて調査を行い、大都市ロンドンにおける貧困の状況を明らかにした。その調査結果を基に、各所得階層の割合により地域を色分けした「ロンドン貧困地図」は、社会地図の元祖とされている。

---

　(1)　**絶対的貧困**　　絶対的貧困については、イギリスの**ブース**と**ラウントリー**、およびドイツの**エンゲル**の調査研究が有名である。これらの研究は、いずれも、絶対的貧困について地域の実情を調査分析し、その状況を明らかにしている。

　(ⅰ)　**ブースによるロンドン民衆の貧困状況調査**　　ブースは、19世紀末のロンドンの民衆について、職業や生活様式により、民衆をA～Hの8つの階層に分類し、調査を行った。そして、民衆の最大部分を構成している「見苦しくない自立的生活」を送っている階層とそれ以下の階層の間に「**貧困線**」を設定し、貧困線より下の階層を「**貧困**」と位置づけた。このブースの調査は、都市の貧困状況を大規模な調査により把握した初めての事例であった。

　(ⅱ)　**ラウントリーによるヨーク市の貧困状況調査**　　ブースの調査に影響を受けて、**ラウントリー**（1871-1954）は、ヨーク市における貧困状況の調査を実施した。ラウントリーは、ヨーク市の「世帯として独立した状態で収入があるワーキングクラス」の全世帯を戸別訪問し、それらの世帯の人数・年齢、収入、住居状況等を、1989年から3年かけて調査した。この調査において、「欠乏」「汚雑」「不潔」が認められた世帯を「貧困」であるとしたところ、ヨーク市人口の27.84％が貧困に該当した。また、彼は、「食物」「家賃」「家計雑費（衣服・燃料）」の3項目について最低限必要な金額を積み上げて、最低限必要な生活費（貧困線）を示した。そして、この貧困線に収入が足りない状態を「**第一次貧困**」（その総収入が、単なる肉体的能率を保持するために必要な最低限度にも足らない家庭）、それよりも収入はあるが、その総収入が、単なる肉体的能率を保持するに足る水準である家庭を「**第二次貧困**」とした。第一次貧困の要因としては、低賃金、多人数家族（子ども4人以上）等が多く、第二次貧困の要因は、飲

酒・賭博、家政上の無知・不用意等であった。

　さらに、彼は、貧困には周期があり、少年期、壮年前期および老年期は、収入の低下や無収入の家族の増加により貧困のリスクが高まる時期とした。

　ラウントリーは、ブースの調査を踏まえ、全数個別調査というより科学的な方法により貧困の実情を把握するとともに、生活に最低限必要な費用の水準を、費用の積み上げにより金額で示す方法を考案した。このラウントリーの考案した最低生活費の算定方法は、「マーケットバスケット方式」と呼ばれ、公的扶助制度における最低生活費の算定の方法として用いられている。

　(ⅲ)　エンゲルの法則　　また、ドイツの経済学者エンゲル（1821-1896）は、ベルギーとザクセン王国の労働者の家計を調べ、収入の低い家庭ほど、支出に占める飲食費の割合が高くなるという法則（エンゲルの法則）を発見している。

　(2)　相対的貧困──タウンゼントの「相対的剥奪」　　イギリスは、戦後の社会保障制度のビジョンとして公表されたベヴァリッジ報告に立脚して、第二次世界大戦後、社会保障制度の整備を進めた。これを受け、ラウントリーが実施した1950年のヨーク市第三次貧困調査では、貧困世帯の比率は大幅に減少した。

　これに対し、1965年、イギリスの社会学者タウンゼント（1928-2009）は、エイベル・スミスとともに「貧困者と極貧者」を出版し、公的扶助基準以下の所得で生活している人々の数が増加している事を示すとともに、「相対的剥奪」という概念による、新しい貧困の考え方を打ち出した（貧困の再発見）。

　タウンゼントは、貧困について、「個人、家族、諸集団は、その所属する社会で慣習になっている、あるいは少なくとも広く奨励または是認されている種類の食事をとったり、社会的諸活動に参加したり、あるいは生活の必要諸条件や快適さをもったりするために必要な生活資源を欠いている時、全人口のうちでは貧困の状態にあるとされる」と定義している。ここで「剥奪（deprivation）」とは、収入等の「生活資源」がないことにより、その社会で一般的な内容の食事をとったり、遊園地や音楽会等の活動ができない状況を現している。そうした食事や社会活動等は、国や地域により、時代により異なることから、「剥奪」されているか否かの基準（指標）も、国や地域、時代により異なり、「相対的」なものになる。

(3)　**社会的排除**　　1990年代頃から、ヨーロッパにおいて、「社会的排除」という言葉がしばしば使われるようになった。当時、フランスでは、旧植民地からの移民二世や三世の若者たちが高い失業率と将来への絶望から暴動を起こすようになっていた。このことに対して、彼らをフランスの社会保障の基本理念である「連帯」から「排除」された存在として捉え、社会に「包摂」していく施策が重要であるとの問題意識から生まれた言葉とされている。

社会的排除は、90年代半ば以降、イギリスのブレア政権で政策理念として取り入れられ、また、EU（欧州連合）でも、1997年のアムステルダム条約において、「高水準の雇用の継続と社会的排除の撲滅のための人的資源の開発」が、加盟国の目標として掲げられるようになった。

社会的排除については、統一的な定義はないが、様々な社会活動に参加できないこと、および様々な不利（貧困や失業等の経済的側面、ホームレスや犯罪などの社会的側面、疾病等の個人的側面等）が複合的に生じていることが問題として取り上げられている。貧困との関係では、貧困が個人の状態（生活状態）に焦点をあてているのに対して、社会的排除は社会と個人との関係（社会から排除されている）に焦点をあてているものと整理でき、両方に該当する者もあれば、いずれか一方だけに該当する者もあると考えられる。

なお、わが国では、厚生労働省「社会的な援護を要する人々に対する社会福祉のあり方に関する検討会」報告書（2000年）が、政府の公的文書で初めて「社会的排除」に触れている。この報告書では、従来の社会福祉は主たる対象を「貧困」としてきたが、現代においては、「心身の障害・不安」（社会的ストレス問題、アルコール依存等）、「社会的排除や摩擦」（路上死、中国残留孤児、外国人の排除や摩擦等）、「社会的孤立や孤独」（孤独死、自殺、家庭内の虐待・暴力等）といった問題が重複・複合化しており、これらの諸問題に対応するためには、すべての人々を孤独や孤立、排除や摩擦から援護し、健康で文化的な生活の実現に繋げるよう、社会の構成員として包み支え合う（ソーシャル・インクルージョン）ための社会福祉を模索する必要がある、としている。

(4)　**潜在能力の欠如としての「貧困」**　　ここまでに貧困の捉え方は、絶対的なものであれ相対的なものであれ、「所得」が低い状況を捉えて「貧困」と捉え

ていた。これに対して、インドの経済学者**アマルティア・セン**（1993-）は、これらとは異なる観点、すなわち個人の「**潜在能力**」の大小から貧困を捉えている。

　センによると、個人の福祉は、その人の生活の質、いわば「生活の良さ」としてみることができ、「生活」とは、相互に関連した機能、例えば「適切な栄養を得ているか」「健康状態にあるか」等の「機能」の集合からなっている。そして、こうした機能を組み合わせ、どのような生活を「選択」することができるか（適切な栄養を得ることができるか、健康な状態でいることができるか）という状態が、その人の「潜在能力」である、とされる。

　センは、ＡとＢという人がいて、ＡはＢより所得は低いが、Ｂは腎臓に障害があり、高額な透析器具を使わなければならず、そのためＡに比べて困窮した生活を強いられている、という例を挙げ、所得の低いＡと潜在能力の制約が大きいＢのどちらがより貧しいといえるだろうか、と問いかけている。センによると、「所得水準で考えるならば、貧困の概念において重要なのは、それが最低限必要な潜在能力をもたらすには足りないということであり、個人の特徴とは無関係な所得水準の低さそのものが問題なのではない」。

　このようなセンの貧困の捉え方によれば、アメリカのような豊かな国における貧困層が、多くの貧しい国々の中間層よりも高い所得を得ているのに貧困であるのは、例えば人前に恥をかかずに出られるという社会的機能を実現するための財（洋服等）を購入するには、貧しい国より多くの所得を必要とするという意味で、潜在能力における絶対的な貧困状態にあるから、と捉えられる。

貧困の原因と貧困観

貧困については、しばしば、働かないことや浪費がちな生活ぶりといった個人にその原因が求められがちである。しかし、重い障害で働くことが困難な者や、幼児を抱えた母子家庭のように働いても低賃金しか得られない者、不景気により会社が倒産した失業者等、個人の責任に帰することができない、いわば社会的要因により貧困に陥っている者が少なくない。

　前述のブースのロンドン調査では、貧困の原因としては、臨時的労働しか得られないという雇用の問題や、病気等の環境の問題が多く、過度の飲酒や浪費といった生活習慣の問題を要因とする場合は少なかった。ラウントリーの調査

でも、前述のように、第一次貧困の要因としては、低賃金や多人数家族（子ど
も 4 人以上）等が挙げられている。ブースやラウントリーの調査は、ともすれ
ば個人的原因が強調されがちな「貧困」について、実は社会的原因が大きな要
素を占めているという、**貧困観の転換**をもたらすものであった。

貧困の測定・比較　社会における貧困の状況をみるためには、貧困を測
定する基準が必要になる。1 で触れた、ブースの貧
困線も、ラウントリーの最低生活費も、そうした基準を測定する試みの一つと
して捉えられる。こうした基準によって、貧困世帯の割合を示したり、貧困線
を金額で示す事等によって、貧困世帯がどの程度いるかということが認識でき
る。しかし、過去の時点や他の国・地域と比較する場合は、物価・賃金の水準
や通貨の違いといった問題があるだけでなく、国によりまた時代により最低生
活の内容は異なり、単純な比較はできない。

　さらに、貧困世帯だけでなく、社会全体としての所得の不平等度（格差）を
知る事も、その社会の問題を把握するためには必要である。

　現在、所得の不平等度や貧困の状況について、過去の時点や他の国・地域と比
較できる指標として一般に使われているのは、**ジニ係数**と**相対的貧困率**である。

　(1)　**ジニ係数**　ジニ係数とは、所得や資産の分布の均等度を示す指標であ
る。名称は、これを提案したイタリアの統計学者コラド・ジニの名前からとら
れている。0 から 1 までの値をとり、0 に近いほど分布が均等であり、1 に近
いほど分布が不平等ということになる。所得についていえば、0 に近いほど所
得格差が小さく、1 に近いほど所得格差が大きいことを示す。日本の所得格差
の状況の説明や、各国の所得格差の状況の比較等において、使われている。

　(2)　**相対的貧困率**　(i)　相対的貧困率とは何か　現在、OECD や EU 等
で、先進諸国の貧困を議論する際に使われているのが「**相対的貧困率**」である。
相対的貧困とは、最初に触れたように、その社会の多数の人々との関係で貧困
を捉える考え方であるが、この相対的貧困率は、その社会のすべての者を所得
の高い順にならべて、真ん中（中央値）に該当する者の所得の50％を「貧困」
の基準（貧困線）とする考え方である。ここで注意が必要であるのは「所得」
である。この「所得」とは、世帯における世帯員全員の所得（収入から税や社会

図表2-1　相対的貧困率について

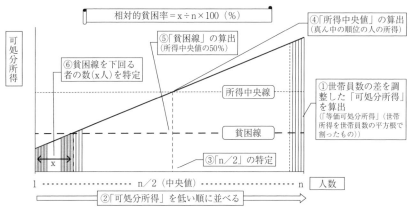

「相対的貧困率」‥所得中央値の一定割合（50％が一般的。いわゆる「貧困線」）
　　　　　　　　　以下の所得しか得ていない者の割合。

相対的貧困率＝x÷n×100（％）

④「所得中央値」の算出
（真ん中の順位の人の所得）

⑤「貧困線」の算出
（所得中央値の50％）

可処分所得

⑥貧困線を下回る
者の数(x人)を特定

所得中央線

①世帯員数の差を調
整した「可処分所得」
を算出
（「等価可処分所得」（世帯
所得を世帯員数の平方根で
割ったもの））

貧困線

③「n／2」の特定

x

1 ‥‥‥‥‥‥‥‥ n／2（中央値）‥‥‥‥‥‥‥‥ n　　人数

②「可処分所得」を低い順に並べる

（出典）厚生労働省「相対的貧困率の公表について」（2009年10月）

保険料を差し引き、年金等の社会保障給付を加えた額であり、いわゆる「可処分所得」
を合算した額を、世帯員の数の平方根（√）で割った額である。

　人々は世帯で生活しているので、その生活水準をみる際には、世帯員全員の
所得を合算して、その合算額で世帯全員の生活が営まれていると考えられる。
それでは5人世帯なら5で割れば世帯員1人当たりの所得額になるかというと
と、世帯の生活費には、光熱水費のような共同経費があり、この共同経費は5
人世帯でも1人世帯の5倍かかるわけではない。こうした点を考慮して、世帯
員の数の平方根（√）で割った額とされているものである。

　なお、相対的貧困率は、貧困線以下の所得の者の割合を示すものであり、社
会全体の所得のばらつきの大きさを問題とする「格差」とは異なる点があるこ
とには注意が必要である。

　（ⅱ）わが国における相対的貧困率の状況　　相対的貧困率について、わが国
では、厚生労働省が、2009年度から、国民生活基礎調査に基づき、相対的貧困
率を公表している。相対的貧困率の推移は図表2-2のとおりであり、1985年
から上昇傾向にあったが、2015年は若干減少している。また、子どものいる現

図表 2 - 2　相対的貧困率の推移

	1985	1988	1991	1994	1997	2000	2003	2006	2009	2012	2015
	(単位：％)										
相対的貧困率	12.0	13.2	13.5	13.8	14.6	15.3	14.9	15.7	16.0	16.1	15.7
子どもの貧困率	10.9	12.9	12.8	12.2	13.4	14.4	13.7	14.2	15.7	16.3	13.9
子どもがいる現役世帯	10.3	11.9	11.6	11.3	12.2	13.0	12.5	12.2	14.6	15.1	12.9
大人が一人	54.5	51.4	50.1	53.5	63.1	58.2	58.7	54.3	50.8	54.6	50.8
大人が二人以上	9.6	11.1	10.7	10.2	10.8	11.5	10.5	10.2	12.7	12.4	10.7
	(単位：万円)										
中央値（a）	216	227	270	289	297	274	260	254	250	244	244
貧困線（a/2）	108	114	135	144	149	137	130	127	125	122	122

注：1）1994年の数値は、兵庫県を除いたものである。
　　2）2015年の数値は、熊本県を除いたものである。
　　3）貧困率は、OECD の作成基準に基づいて算出している。
　　4）大人とは18歳以上の者、子どもとは17歳以下の者をいい、現役世帯とは世帯主が18歳以上65
　　　歳未満の世帯をいう。
　　5）等価可処分所得金額不詳の世帯員は除く。

（出典）厚生労働省「平成28年国民生活基礎調査の概要」を筆者一部修正

役世帯で大人１人（つまりひとり親世帯）の貧困率が高いことは、わが国の特徴
である。

2　格差とは何か

**高度経済成長と
一億総中流意識**　1970年代、総理府「国民生活に関する世論調査」に
おいて、生活程度について、「上」「中の上」「中の中」
「中の下」「下」のどれに該当するかの質問に対し、「中の上」「中の中」「中の下」
と回答した者の率が約９割になった。こうした状況を、当時のマスコミは
「一億総中流化」と評した。第二次世界大戦前には所得格差が高かったわが国
は、高度経済成長による勤労者の所得上昇を背景に、耐久消費財（テレビ、洗
濯機、冷蔵庫等）の普及や高等学校進学率の向上等が進み、「中間層」が拡大し
たことにより、多くの人々が中流意識をもつようになったのである。

23

バブル崩壊後の所得格差の拡大とその要因をめぐる議論

(1) **所得格差の拡大**　　1990年代初期のバブル崩壊、そして1997年のアジア通貨危機等により、わが国は長期にわたる不況に突入し、大手金融機関の破綻が相次ぐ時代になった。政府は、不良債権処理と大幅な財政出動により景気浮揚を図ったが、景気は低迷を続けた。2000年代に入ると、小泉内閣の「聖域なき構造改革」により郵政民営化や規制緩和が推進され、緩やかな景気回復はあったが、他方で、業種や規模によって、さらには企業によって業績の違いが拡大した。勤労者についても、企業が新卒採用を大幅に抑制し、いわゆる「就職氷河期」といわれる時期が到来し、他方で、1985年に制定された労働者派遣法が数度にわたる改正によって対象業種を拡大したことや、企業の人件費の抑制等から、非正規雇用者が急増した。また経済不況により失業率が上昇していった。

　こうした状況を背景に、わが国では、所得格差が問題とされるようになり、「勝ち組」と「負け組」という言葉が流行語になり、所得だけでなく教育など様々な局面で格差が拡大しているとして、政府の構造改革政策が「**格差社会**」をもたらしていると批判されるようになった。

(2) **「格差」をめぐる議論と政府の見解**　　こうした社会の動向を背景に、橘木俊詔は、『日本の経済格差』（岩波書店、1998年）において、1980年代から1990年代初めにかけて、ジニ係数が上昇し、わが国の所得分配の不平等度が急速に高まっており、わが国が「**一億総中流社会**」であるという神話は崩れつつあるとした。

　この主張に、大竹文雄は、「日本の不平等」（日本経済新聞社、2005）で、以下のように反論した。

○1980年代から90年代、世帯の所得についてのジニ係数は上昇している。しかし、これは単身世帯の増加という世帯構造の変化による点が大きく、世帯員1人当たりの所得は、ほとんど上昇していない。

○1980年代において同一年齢内の所得不平等度はほとんど一定であった。しかし、同一年齢内の所得不平等度は高年齢になるほど高いため、80年代における所得不平等度の上昇は高齢化によるものとの可能性が高い。

24

○つまり、1980年代の所得の不平等化（ジニ係数の上昇）は、いわば、世帯構造の変化と高齢化によるみせかけの不平等化である。

　この議論を受け、内閣府は、2006年1月の「月例経済報告等に関する関係閣僚会議」資料において、「所得格差は統計上は緩やかな拡大を示しているが、これは主に高齢化と世帯規模の縮小の影響による」とし、同月の国会（衆議院予算委員会）でも、小泉内閣の一連の構造改革路線が格差社会を助長しているのではないかとの批判に対して、与謝野馨担当大臣は（当時）「ジニ係数を見ると、若干上がっている事は事実だが、小泉政権のもとでの改革とその問題とは、直接、実は関係ないと思っている」と答弁している。

　(3)　**1990年代以降の状況**　　しかし、こうした指摘をした大竹自身が、この分析はあくまで80年代から90年代のデータに基づくものであり、1999年から2004年にかけては、45歳未満の若年層において所得格差の拡大が認められるとしている。

　政府においても、厚生労働省『平成24年版労働経済白書』では、2000年代のデータに基づき、低所得層の増加の要因として、高齢化に加え、雇用者層における所得格差が拡大していることを指摘している。

3　貧困問題の現在

ホームレスと　ネットカフェ難民　　(1)　バブル崩壊とホームレス　　1990年代のバブル崩壊後、深刻な不況に陥った建設業等において失業した労働者の中で、従来のドヤ街（日雇い労働者が多く住む簡易宿泊所（ドヤ）の立ち並ぶ街）の寄せ場から、路上に敷物や段ボールを敷いたりテントを張って生活する者が増加していった。そして、これらの人々が、さらに駅や公園等に広がっていき、社会問題として取り上げられるようになった。

　これらの者は、住民からは迷惑な存在とみられるとともに、地方自治体からは「住所不定者」として生活保護の対象外とされていたが、急増していくとともに、行政としてもこれを放置する事はできず、ホームレスへの生活保護の適用や、1999年の「ホームレス連絡会議」の設置、2002年の「ホームレスの自立

の支援等に関する特別措置法」の制定へと繋がった（ホームレス対策の詳しい説明については、第10章を参照されたい）。

　(2)　ネットカフェ難民　　1990年代のバブル崩壊後、定住場所をもたない失業労働者の中で、ドヤにとどまらず深夜営業のカプセルホテルや漫画喫茶等で一夜を明かす者が増加していた。

　2000年代になると、インターネットの普及や定額料金利用化を背景に、シャワールーム等を備え、長時間・低額料金で、仮眠（宿泊）とインターネット利用等ができる「インターネットカフェ」が、都市部等において普及していった。

　1990年代に労働者派遣法の改正により派遣労働が認められる業務・業種が拡大され、2004年には製造業にも認められたこと等を契機に、日雇い派遣労働者（1日単位の契約で働く派遣労働者）が増加した。不況の中で、解雇によって会社の寮を出ていかざるを得ず、住まいも仕事もなくなった非正規労働者が、こうした日雇い派遣労働者になるケースが多く、それらの者は、インターネットカフェを住まい代わりに利用しながら、毎日の日雇い派遣の仕事を得、生活を続けていた。こうした者は、彼らを取り上げたテレビドキュメンタリーの放送を契機に「ネットカフェ難民」と呼ばれるようになった。

　ネットカフェ難民は、定住場所をもっていないという意味ではホームレスと同様であるが、路上生活ではない（仕事にあぶれたりすると、路上生活になることもあるが）ため、法律の「ホームレス」の定義には含まれない。そこで、「隠れたホームレス」といわれることもある。

**非正規労働者の増加と
ワーキングプア**　　(1)　非正規労働者の増加　　非正規労働者とは、正規労働者以外の労働者の総称で、パート・アルバイト、契約社員（専門能力を評価されて雇用される有期契約社員）、嘱託（定年退職者の有期再雇用等）、労働者派遣法に基づく派遣職員等が含まれる。

　正規労働者が、期限の定めなく雇用され、解雇には厳しい制約があるため、雇用が安定しているのに対し、非正規労働者は、雇用の継続は保障されておらず、企業の業績悪化等があれば解雇や雇止め（契約期間後の再雇用をしない）等が行われるため、雇用者としての地位は不安定である。また、正規職員に比べ一般に賃金は低く、定期昇給等もない。さらに、健康保険や厚生年金の適用が

ない者も多い。

　こうした非正規労働者は、1980年代半ばには600万人台に過ぎなかったが、その後増加を続け、2017年には、非正規労働者数は1911万人、役員を除く雇用者全体の37.2％にも達している。

　1990年代半ばまでは、主婦のパートが非正規労働者の中心であったが、2000年頃から若者の非正規労働者が増加していった。その要因としては、短時間で柔軟な働き方ができるという若者側のニーズの変化もあったが、バブル崩壊後の企業の業績悪化により、コスト削減の必要から非正規雇用が増加していったことが大きかった。そうした動きをさらに強化していったのが、労働者派遣法の改正による、派遣業務の拡大や製造業の派遣業務の原則解禁であった。

　そして、非正規雇用の問題が一気に噴出したのが、2008年の世界金融危機（いわゆるリーマンショック）を契機とした世界的な不況であった。この大不況の下、製造業等では、同年秋以降、生産調整を進めるとともに、労働者派遣契約の打ち切り（派遣切り）や、期間労働者の解雇・雇い止め（有期雇用契約を更新しないこと）が大規模に行われた。解雇や雇い止めされた労働者の中には、住んでいた寮を出て行かざるを得ないため、職だけでなく住まいも失った者も多く、大きな社会問題となった。

　このため、30日以内の派遣契約である「日雇い派遣」や、派遣元企業に登録した労働者が派遣先が決まると派遣期間だけ雇用され、派遣される「登録型派遣」が問題になり、2012年の労働者派遣法改正により、日雇い派遣が禁止されるとともに、登録型派遣についても、派遣元企業には、派遣労働者の派遣期間（最長3年間）後の雇用安定化のために取り組む義務が課せられた。また、有期雇用については、労働契約法の改正により、同じ事業主で契約更新が繰り返されて通算5年を超えた有期契約者は、本人の申し出によって無期限雇用として働くことができることとされた。

　しかし、労働者派遣については、同じ事業主でも課単位で就業場所が異なれば継続的に雇用できるとされていることや、契約社員については、通算5年にならないよう、4年契約として、解雇の半年後にまた契約するなど、法規制の抜け道が行われているとの指摘もされている。

(2) **ワーキングプア**　ワーキングプアについては、明確な定義はないが、一般には、働いて収入を得ているものの、その収入の水準が低く生活の維持が困難な人々のこととされている。

欧米でも問題とされているが、わが国では、2006年および2007年のNHKスペシャル「ワーキングプア」で取り上げられたことで、広く知られるようになった。

仕事をもちながら収入が少ないという側面を捉えたものであるので、その形態は様々であり、NHKスペシャルでは、上述の非正規労働者や「ネットカフェ難民」等だけでなく、地方で過疎化や産業構造の転換等により収入が激減した農家や中小商店主等も取り上げられた。

ワーキングプアとされる収入については、年収200万円以下といわれることがあるが、これは、税や社会保険料を支払った上で生活保護基準と同様の生活ができる収入がその程度とされることによると思われ、特に基準があるものではない。

ワーキングプアには生活保護基準以下の収入しかない者も少なくないと思われるが、生活保護申請自体への抵抗感や、先祖伝来の家屋や土地を売ることへのためらい、さらには福祉事務所から親族に対して扶助の可能性を確認する通知がされることを嫌い、申請しない者も少なくない。

子どもの貧困　2006年に公表されたOECDの対日経済審査報告書において、日本の相対的貧困率がOECD諸国のうちアメリカに次いで2番目に高いこと、また、ひとり親の半数以上が相対的貧困の状態にあること等が指摘され、日本にマスコミでも取り上げられて、大きな話題になった。

厚生労働省でも、民主党政権の下で、2009年に相対的貧困率の計算結果が公表され、それによると、2000年代半ばにおけるOECD諸国（30ヶ国）の貧困率の国際比較をみると、日本は、相対的貧困率は低い方から数えて27位、子どもの貧困率は19位、そしてひとり親世帯の貧困率は最も高い30位であった。

近年、わが国において子どもの貧困が進行していることについては、こうした国際比較だけでなく、例えば、低所得世帯の子どもの義務教育にかかる費用

図表 2 - 3　貧困率の国際比較（2000年代半ば）

| | 相対的貧困率 | | 子どもの貧困率 | | 子どもがいる現役世帯（世帯主が18歳以上65歳未満の世帯）の貧困率 | | | | | |
| | | | | | 合計 | | 大人が一人 | | 大人が二人以上 | |
	割合	順位	割合	順位	割合	順位	割合	順位	割合	順位
オーストラリア	12.4	20	11.8	16	10.1	16	38.3	19	6.5	12
オーストリア	6.6	4	6.2	5	5.5	5	21.2	8	4.5	5
ベルギー	8.8	15	10.0	10	9.0	12	25.1	10	7.3	14
カナダ	12.0	19	15.1	21	12.6	21	44.7	27	9.3	18
チェコ	5.8	3	10.3	13	7.7	9	32.0	15	5.5	7
デンマーク	5.3	1	2.7	1	2.2	1	6.8	1	2.0	1
フィンランド	7.3	9	4.2	3	3.8	4	13.7	4	2.7	3
フランス	7.1	6	7.6	6	6.9	7	19.3	7	5.8	8
ドイツ	11.0	17	16.3	23	13.2	22	41.5	25	8.6	16
ギリシャ	12.6	21	13.2	18	12.1	18	26.5	13	11.7	23
ハンガリー	7.1	6	8.7	8	7.7	9	25.2	11	6.8	13
アイスランド	7.1	6	8.3	7	7.3	8	17.9	5	6.2	10
アイルランド	14.8	26	16.3	23	13.9	23	47.0	28	10.1	21
イタリア	11.4	18	15.5	22	14.3	25	25.6	12	14.0	27
日本	14.9	27	13.7	19	12.5	19	58.7	30	10.5	22
韓国	14.6	24	10.2	12	9.2	13	26.7	14	8.1	15
ルクセンブルク	8.1	11	12.4	17	11.0	17	41.2	24	9.7	20
メキシコ	18.4	30	22.2	29	19.5	29	32.6	16	18.7	29
オランダ	7.7	10	11.5	15	9.3	14	39.0	20	6.3	11
ニュージーランド	10.8	16	15.0	20	12.5	19	39.1	21	9.4	19
ノルウェー	6.8	5	4.6	4	3.7	3	13.3	3	2.1	2
ポーランド	14.6	24	21.5	28	19.2	28	43.5	26	18.4	28
ポルトガル	12.9	22	16.6	25	14.0	24	33.4	17	13.3	24
スロヴァキア	8.1	11	10.9	14	10.0	15	33.5	18	9.2	17
スペイン	14.1	23	17.3	26	14.7	26	40.5	23	13.9	26
スウェーデン	5.3	1	4.0	2	3.6	2	7.9	2	2.8	4
スイス	8.7	14	9.4	9	5.8	6	18.5	6	4.9	6
トルコ	17.5	29	24.6	30	20.3	30	39.4	22	20.0	30
イギリス	8.3	13	10.1	11	8.9	11	23.7	9	6.1	9
アメリカ	17.1	28	20.6	27	17.6	27	47.5	29	13.6	25
OECD 平均	10.6		12.4		10.6		30.8		5.4	

資料：OECD"Growing Unequal?" 等
（出典）厚生労働省「子どもがいる現役世帯の世帯員の相対的貧困率の公表について」(2009年11月)

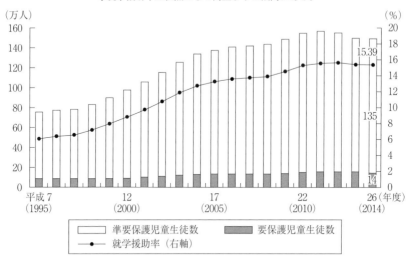

図表 2 - 4　小学生・中学生に対する就学援助の状況

◆就学援助率は依然として高止まりの傾向にある。

準要保護児童生徒数　　要保護児童生徒数
就学援助率（右軸）

（出典）文部科学省「要保護及び準要保護児童生徒数について」
（注）1．学校教育法第19条では、「経済的理由によって就学困難と認められる学齢児童又は学齢
　　　　生徒の保護者に対しては、市町村は、必要な援助を与えなければならない。」とされて
　　　　おり、生活保護法第6条第2項に規定する要保護者とそれに準ずる程度に困窮している
　　　　と市町村教育委員会が認めた者（準要保護者）に対し、就学援助が行われている。
　　　2．ここでいう就学援助率とは、公立小中学校児童生徒の総数に占める要保護・準要保護児
　　　　童生徒数の割合。

（出典）内閣府「平成29年版　子ども・若者白書」

（学用品費、通学費、修学旅行費等）を国と市町村が支援する就学援助費が増加し
てきていること等にも現れている。

　子どもが貧困家庭で育つことについては、子どもの学力や健康状態、非行、
家庭における虐待等への影響が指摘されているだけでなく、貧困を経験した子
どもが大人になってからの就労や所得・生活水準などにマイナスの影響を与え
る「**貧困の世代間連鎖**」の要因となっているとの指摘もある。

　こうした子どもの貧困の問題に対処するため、2013年に制定された「子ども
の貧困対策の推進に関する法律」に基づき、各方面において対策が進められて
いるところであり、詳しくは第10章を参照されたい。

第 **3** 章

生活保護制度の仕組み

1 生活保護法の全体像

生活保護法とは 日本の公的扶助の中心である生活保護制度の内容は、生活保護法により定められている。生活保護法は、日本国憲法第25条に定められた生存権の理念を具体的に実現するための法であり、公的扶助のみならず、日本の社会保障全体の根幹をなす法制度として重要な役割を果たしている。

本章では、生活保護制度の基本的な内容や仕組みについて学習する。その前提として、生活保護法がおおよそどのようなことを定めているのかを把握するために、まずは同法の章立てを以下に示すこととしたい。

生活保護法の全体像 生活保護法は全部で13の章、第1条から第86条までの条文により構成されている。その章立ては以下のとおりである。

第1章 総則（第1条～第6条）
第2章 保護の原則（第7条～第10条）
第3章 保護の種類及び範囲（第11条～第18条）
第4章 保護の機関及び実施（第19条～第29条の2）
第5章 保護の方法（第30条～第37条の2）
第6章 保護施設（第38条～第48条）
第7章 医療機関、介護機関及び助産機関（第49条～第55条の3）

　このほか、同法の下位の法令としての生活保護法施行令、生活保護法施行規則、さらに各種通知などの法規・解釈基準類に基づいて、生活保護制度が運用されている。

生活保護法の概要と本 章 の 内 容

生活保護法の章立てから読み取れる同法の概要は次のとおりである。

　第 1 章「総則」では、法の目的（ 1 条）、 4 つの基本原理（ 2 条～ 4 条）などについて定めている。これらには、生活保護法の根幹となる考え方が示されており、制度の内容を理解するうえでも非常に重要な条項である。続く第 2 章「保護の原則」では、生活保護を実施するうえでの基本ルールとなる 4 つの原則が定められている。

　第 3 章「保護の種類及び範囲」および第 5 章「保護の方法」では、保護の内容の中心となる 8 種類の扶助（生活扶助・教育扶助・住宅扶助・医療扶助・介護扶助・出産扶助・生業扶助・葬祭扶助）について定めている。保護は、基本的にこの 8 種類の扶助を適宜組み合わせる形で実施され、各扶助には、厚生労働大臣による基準が定められている。

　第 4 章「保護の機関及び実施」では、生活保護の実施機関や利用手続きなどについて、第 5 章「保護の方法」では、上記の各扶助の金銭給付・現物給付の別、居宅保護と施設保護の別などの保護の方法について、第 6 章「保護施設」では、居宅での保護が困難な場合に入所での保護を行う保護施設について、第 7 章「医療機関、介護機関及び助産機関」では医療扶助、介護扶助、出産扶助等を実施する医療機関、介護機関、助産機関等の指定についてそれぞれ定めて

いる。

　第 8 章「就労自立給付金及び進学準備給付金」は、2013年の法改正により就労自立給付金制度が設けられた際に創設された条項で、その後さらに2018年の法改正により進学準備金制度に関する条項が追加されている。続く第 9 章「被保護者就労支援事業」も2013年12月の法改正により新たに設けられた条項で、被保護者就労支援事業の実施について定めている。

　第10章「被保護者の権利及び義務」では、生活保護の実施にあたって被保護者に保障されている 3 つの権利、および被保護者の 5 つの義務について定めている。第11章「不服申立て」では、保護の実施に関する実施機関の決定に関して不服があった場合の不服申立て制度（審査請求、再審査請求）について、第12章「費用」では、国と地方公共団体による保護費用の分担等について、第13章「雑則」では、罰則規定等の生活保護実施上必要な事項についてそれぞれ定めている。

　以上の内容のうち本章では、生活保護制度の基本的な仕組みを理解するために、法の目的、基本原理、基本原則、保護の利用の手続き、保護の種類とその内容の概要、被保護者の権利および義務、不服申立てなどについて、生活保護法の構成に沿って、そのアウトラインを概説する。このうち、保護の種類と内容については、 8 種類の各扶助について概要を説明するが、特に詳細な説明を必要とする扶助（医療扶助、介護扶助、住宅扶助）については、第 5 章において詳細に取り扱う。

　　用 語 の 定 義　　法は、第 6 条において、法で用いられる用語の定義について規定している。これらの用語とその定義は、生活保護制度の理解のうえでも重要となるので、まずここで確認しておきたい。

　①**被保護者**　　現在実際に生活保護を受けている者のことをいう。ただし現在は、「保護受給者」という用語が用いられる場合も多い。

　②**要保護者**　　現在保護を受けているかいないかにかかわらず、保護を必要とする状態にある者をいう。

　③**保護金品**　　「保護として給与し、又は貸与される金銭及び物品」、すなわ

ち保護の実施機関から保護費として給付される金銭や物品のすべてを指す。

　④金銭給付　　保護の方法の１つとして、「金銭の給与又は貸与によって、保護を行うこと」をいう。

　⑤現物給付　　保護の方法の１つとして、「物品の給与又は貸与、医療の給付、役務の提供その他金銭給付以外の方法以外の方法で保護を行うこと」をいう。

　上述のとおり、生活保護には生活扶助をはじめとして８種類の扶助が規定されているが、これらの扶助のそれぞれについて、金銭給付と現物給付のいずれの方法を原則とするかが、第５章（法30条）以下において規定されている。

保護の運用マニュアル
──保護の実施要領

　生活保護は、法に規定された内容と、それに基づいて厚生労働大臣が定める「保護基準」に基づいて行われる（保護基準については第４章参照）。他方、生活困窮者や世帯の生活実態は多様であり、個別性が大きい。そのため、保護の現場では、法や保護基準に依拠しつつも、生活困窮者個々人や各世帯の個別の必要に応じた保護が行われる必要がある。

　そのような現場での保護運用のマニュアルとしての役割を果たしているのが、「生活保護法による保護の実施要領」（以下「実施要領」）である。これは、厚生労働次官通知・局長通知・課長通知の３段階から構成され、いわゆる「行政解釈」として、厚生労働省による法の解釈、運用の指針が示されている。全国の保護実施機関（第８章２参照）は、法令のほか、これらの通知類に基づいて保護の実施にあたっている。

　このような通知類は、法令に基づいて保護を実施するにあたって必要となる基準、保護の実際の現場で生じる疑義や問題についての行政機関としての見解を示したものであり、保護の実施における「行政の裁量」の態様を示すものといえる。この「行政の裁量」の権限がどの範囲にまで及ぶか、どのような場合に裁量権の逸脱・濫用となるかといった点は、生活保護をめぐる裁判でもしばしば重要な争点となる。これまでの生活保護に関する裁判例では、基準の設定や法の解釈、運用などについて、裁判所が行政の広範な裁量権を認める傾向にあるが、事案（例えば稼働能力の活用など）によっては、行政の裁量権に一定の

歯止めをかけようとする傾向もみられる。

　なお、これらの法規・通知類は、毎年度刊行される『**生活保護手帳**』（中央法規出版）という冊子にまとめられており、さらにこれを補う形で、個々の事例についての現場の問いに対して国が見解を示した『**生活保護手帳　別冊問答集**』（中央法規出版）が刊行されている。これらは一般の人々も書店等で購入することができるので、制度の運用の詳細や、現場でのケースワークなどに関心のある人はぜひ手にとってみてほしい。

2　生活保護法の目的

生活保護法の理念と目的　　生活保護法は、まず1条において、「この法律は、日本国憲法25条に規定する理念に基き、国が生活に困窮するすべての国民に対し、その困窮の程度に応じ、必要な保護を行い、その最低限度の生活を保障するとともに、その自立を助長することを目的とする。」と規定し、法の理念と目的を明らかにしている。すなわちこの条文は、生活保護が憲法によって保障された国民の権利であり、国の責任において実施されることを明確にするとともに、法の目的が**最低生活保障**と**自立助長**の2点にあることを示している。

最低生活保障　　生活保護は、国民に健康で**文化的な最低限度の生活**を保障するためのものである。そのことから、**最低生活保障**が法の第一義的な、かつ最も重要な目的であることはいうまでもない。法が規定する内容（原理、原則、保護の種類と方法、施設、権利・義務、不服申立など）のほとんどは、この目的を実現するためのものであるといってよい。

　その際、最低生活とはどの程度の生活を意味するのか、ということが常に問題となるが、それは、基準および程度（法8条）といった法の内容や仕組みともかかわる点であるので、のちに詳しく説明することとしたい。

自立助長　　しかし、私たちが真に人間らしい生活を営んでいくためには、最低生活を保障するだけでは不十分である。そこで法は、**自立助長**をもう一つの目的として規定している。

この「自立」の意義については、保護を受けずにすむようになった状態、すなわち「経済的な自立」を指すものと従来考えられてきた。しかし現在では、ここでいう自立とは、経済的自立に加えて、被保護者が、生活保護を含む社会保障制度を活用しつつ、社会の中で主体的に生活する「社会的自立」あるいは「人格的自立」の概念も含むもの、と考えられるようになってきている。

3　生活保護法の基本原理

生活保護法の基本原理　生活保護法は、国家責任、無差別平等、最低生活保障、補足性の4つの基本原理を定めている。このうち国家責任、無差別平等、最低生活保障の3つは、憲法の規定に根拠をもつ基本原理であり、これに反する法の解釈・運用は許されない。これに対し、補足性は、制度の運用上非常に重要な基本原理であるが（本章4参照）、あくまで法解釈上の根拠・指針としての位置づけにとどまる。そのため、補足性の原理に基づく法の解釈・運用は先の3原理を超えるものであってはならず、むしろその趣旨を活かすものでなければならない。

国家責任の原理（法1条）　この原理は、法による保護が、国の直接の責任において実施されなければならない旨を示したものである。

　その直接の根拠となるのは、いうまでもなく憲法25条の生存権規定である。国家が貧困状態になった国民に対し直接に生存権保障の責任を負うのは、その貧困が必ずしも個人の責任によってではなく、社会的な要因によって発生する側面があるという、近代的な貧困観によるところが大きい。言い換えれば、憲法は、資本主義国家である日本において、誰もが貧困に陥る可能性があることをあらかじめ想定しているともいえる。そして、憲法25条の理念を具体化する役割を負っているのが生活保護法であり、そのことを明らかにしているのが法1条の規定である。

　その意味で、すべての国民は、貧困の状態に陥った際には、その要因を問わず、憲法25条を根拠として、生活保護法上の保護を請求する権利（保護請求権）

を有しているということができる。

無差別平等の原理
（　法　2　条　）

(1)　**無差別平等の原理**　法2条は、「すべて国民は、この法律の定める要件を満たす限り、この法律による保護を、無差別平等に受けることができる。」と定める。生活保護法の前身である救護法や旧生活保護法（公的扶助制度の歴史については第11章参照）では、素行不良な者などに対しては保護を行わないとする「欠格条項」が設けられていたため、生活困窮に陥った要因によっては保護を受けることができなかった。

　現在の生活保護法は、このような考え方を改め、法に定められた要件を満たす限り、国民の誰もが無差別平等の保護を受けることができる旨を規定した。それゆえ、保護は、ある人や世帯が生活に困窮しているという生活状態のみに着目して行われなければならず、性別、年齢、社会的身分などによる差別的な取り扱いは一切認められない。したがって、一見「素行不良」もしくは「怠惰」とみえる者であっても、その者が生活困窮の状態にあると認められれば保護が行われなければならない。これは、むしろ「何等かの意味において社会的規準から背離している者を指導して自立できるようにさせることこそ社会事業の目的」（小山進次郎『生活保護法の解釈と運用〔改定増補版〕』（全国社会福祉協議会、1975年）106頁）であるという考え方、さらにはその土台にある近代的貧困観、人間の尊厳といった人権思想に基づくものである。

　(2)　**外国人と生活保護**　ところで、法1条は、保護の対象を、「生活に困窮するすべての国民」と、日本国民に限定する形で規定している。法2条も保護における無差別平等について規定しているものの、その対象についてはやはり「すべて国民は」と規定している。

　ここで問題となるのが、日本に在留する外国人には生活保護は適用されないのか、という点である。法1条、2条の規定から、権利としての保護を受けることができるのは、基本的に日本国籍をもつ者に限定されると解されている。一方で国は、「生活に困窮する外国人に対する生活保護の措置について」（昭和29年社発382号）という古い通知に基づいて、人道的見地から、外国人に対する保護の「準用」を認めてきた。1990年には、この準用の対象となる外国人を、

永住者、定住者等（出入国管理及び難民認定法別表第2記載の外国人）に限定する旨、厚生労働省による口頭指示がなされ、現在に至っている。この「準用」の法的な性質や、その運用の是非については、学説上では議論がある。実務上は、例えば不法滞在の外国人が事故や急病により医療を必要とする場合などに、その医療保障の在り方が問題となるケースが多い。場合によっては、「行路病人及び行旅死亡人取扱法」に基づき、市町村の支弁により必要な措置が行われるケースもみられる。

最低生活保障の原理（法 3 条） 法3条は、「この法律により保障される最低限度の生活は、健康で文化的な生活水準を維持することができるものでなければならない」と定め、この法律で保障されるべき最低限度の生活水準の内容を明らかにしている。これは、生活保護法が憲法25条で保障された生存権の理念を具体化するための制度であることを改めて確認したものである。すなわち、生活保護法で保障される最低限度の生活水準は、かろうじて生物的な生存を維持しうるような程度のものであってはならず、あくまで「健康で文化的な」生活を維持できるものでなければならない。

補足性の原理（法 4 条） この原理は、保護にあたって国民の側に求められる最小限度の要件などについて定めたものである。この原理は、生活保護法の諸原理の中でも実務上特に重要な意味をもち、含まれる内容も多岐にわたるため、次に節を改めて説明する。

4 保護の補足性の原理

保護の補足性とは 法4条は、まず1項で「保護は、生活に困窮する者が、その利用しうる資産、能力その他あらゆるものを、その最低限度の生活の維持に活用することを要件として行われる」と定める。

ここでまず着目すべきは、「資産、能力その他あらゆるもの」の「活用」という部分である。

現代社会での私たちの生活は、自立自助、自己責任が基本となる。また、生

活保護に必要な費用は、すべて国民の負担する税によって賄われている。これらのことから、法は、まず国民に生活上の自助努力を求め、それを保護を受けるにあたっての「要件」としている。この自助努力に該当するのが「資産、能力、その他あらゆるもの」の「活用」であり、これを適切に行わない限り、保護を受けることはできない。反面、私たちがこれらの自助努力を尽くしても、なお最低限度の生活を維持することができない場合には、その不足分を補う（補足する）限度において保護が行われる。これが「**保護の補足性の原理**」であり、図でイメージ化して示すと図表3-1のようになる。

　図表3-1における「収入」には、法にいう「資産、能力、その他あらゆるもの」を活用することによって得られたあらゆる収入が、原則としてすべて含まれる。これらによる収入がある世帯（保護は原則として世帯を単位として行われる。本章5参照）の「最低生活費」を下回る場合（最低生活費の算出については第4章参照）に、その不足分を補う形で保護が実施されることになる。

　　「 資 産、 能 力
その他あらゆるもの」の
「 活 用 」 と は

このように法4条は、「資産、能力、その他あらゆるもの」の「活用」を保護を受けるにあたっての要件として定めているが、それでは、これらを「活用

図表3-1　保護の補足性のイメージ

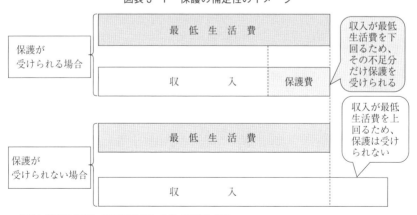

する」とは具体的にどういうことなのだろうか。以下、特に問題となる資産と能力の活用について検討してみよう。

　(1)　**資産の活用**　(ⅰ)　**資産の活用の考え方**　まず資産の活用についてであるが、ここでいう「資産」には、要保護者が保有する現金や預貯金などの金銭はもちろん、不動産、自動車、貯蓄性の高い保険、貴金属、債券（株式等）など、およそ換価（売ってお金に換えること）可能なものがすべて含まれる。保護を受けるよりも先に、お金があればそれを使い、その他の物品等であれば換価して生活費に充てることになる。

　これが資産の活用であるが、いくら保護を受けるためとはいえ、「活用」のために本当にすべての資産を処分して、丸裸の状態になってしまったのでは、逆に最低限度の生活の維持すらできなくなってしまう。そこで、最低限度の生活の維持に必要と認められる一定の資産については、保護を受けながら保有することが認められている。ただし、法4条の包括的な規定だけでは、保有が認められる資産と、処分を求められる資産の区別といった具体的な内容が明らかでないため、実施要領により、保有が認められる資産の範囲が示されている。

　(ⅱ)　**保有を認められる資産の範囲**　実施要領に示されている保有を認められる資産の範囲の原則的な考え方は次のとおりである。

---

① 　現実に最低限度の生活の維持のための活用されており、かつ、処分するよりも保有しているほうが生活維持および自立の助長に実効が上がっていると認められるもの。
② 　現在活用されてはいないが、近い将来において活用されることがほぼ確実であって、かつ、今処分するよりも保有しているほうが生活維持に実効が上がると認められるもの。
③ 　処分することができないか、または著しく困難なもの。
④ 　売却代金よりも売却に要する経費が高いもの。
⑤ 　社会通念上処分させることを適当としないもの。

　以上のものについては、保護を受けるにあたっても、処分をせず、そのまま保有することが認められる。

　これに基づき、要保護者の個別具体的な状況に応じて、保有を認められる資

産が決められるわけであるが、この解釈基準ではまだ抽象的であるため、以下のとおり、より具体的な取扱い基準が個別に示されている。

　①土地・家屋等の不動産　　現に居住している家屋とそれに付属する宅地については、そのまま保有が認められる。ただし、処分価値（売却処分をして得られる利益）が利用価値（売却処分をするよりも、そのまま居住し続けるほうが、被保護者の自立に実効があがると認められる、その家屋の所有者にとっての価値）に比べて著しく大きいもの（世帯の人数からして大きすぎる家など）は保有が認められない場合がある。保有が認められる場合であっても、部屋数に余裕があるような場合には、部屋を賃貸するなどの活用が求められる。また、田畑については、現に耕作されているなど利用価値が高い場合には、その地域の農家の平均耕作面積までは保有が認められることとなっている。

　なお、居住用の土地・家屋を有する要保護世帯で、その不動産が保有することを認められる範囲内のものであって、**要保護世帯向け不動産担保型生活資金**（「生活福祉資金貸付制度」によるいわゆるリバースモーゲージ。第10章3参照）が利用できるものについては、その利用が保護に優先される。この場合、その不動産の価値（評価額）に応じた生活資金の貸付けを受け、貸付期間が終了したのちに保護を受けることになる。

　②生活用品　　家具什器（食器、調理器具など）および衣類寝具、趣味装飾品、貴金属および債券、その他の物品に分類され、それぞれにつき基準が設けられている。基本的に日常生活で使用されているものについては引き続き保有が認められるが、貴金属および債券については保有が認められない。また、家具什器および衣類寝具以外の「その他の物品」については、その世帯の人員、構成などから判断して使用の必要があり、その保有を認めてもその地域の一般世帯との均衡を失しない場合（具体的には、その地域での普及率が70％程度を超えるもの）については保有が認められる。これは特に、エアコン等の家電製品について問題となる場合がある。なお、自動車については、身体障害者や山間へき地に住む者が通勤に使用するなど限られた場合を除いて保有が認められず、処分価値にかかわらず処分が求められる。

　ちなみに、保護開始の段階で炊事用具、食器等家具什器を有していない被保

護者については、生活扶助（本章7および第4章参照）により「家具什器費」が支給され、新たに購入することが可能である。冷蔵庫、電子レンジ等、保護受給中の保有が容認される家電製品を保有していない場合には、個々の世帯の状況に応じて、必要性および緊急性が認められれば、家具什器費として購入費用が認められる取扱いとなっている。

③現金・預貯金、生命保険等　保護費として支給される金銭は、当該世帯の「**最低生活費**」として支給されるものであるから、保護費をやりくりして剰余分を貯蓄する等の行為は原則として認められないことになる。

そのため、かつてはこのようにして得られた金銭は収入として扱われ、翌月以降の保護費が減額される取扱いが一般的であったが、いわゆる「**加藤訴訟**」（第12章参照）を契機として、その預貯金の使用目的が生活保護の趣旨目的に反しないものであると認められる場合には一定額の保有が認められる取扱いとなっている。

生命保険については、原則として解約し、解約払戻金を活用すべき資産として充当しなければならない。ただし、貯蓄性が高くない等、一定の要件を満たしている場合には保有が認められる。この取扱いは、いわゆる「**中嶋訴訟**」（第12章参照）を契機としている。

以上のような資産に関する取扱いについては、画一的・機械的な取扱い（例えば保有率70％という基準を厳密に適用し、わずかでも下回っていれば保有を認めないなど）をできる限り避け、その世帯の自立を阻害することのないよう、十分な配慮がなされなければならない。

（2）**能力の活用**　法4条1項は、資産と並んで、「能力」の活用を求めている。この場合の能力とは、稼働能力（労働能力）のことをいう。健康で稼働能力があり、なおかつ適当な働き口がある場合には、能力の活用の余地があるとして保護は認められない。しかし、社会や経済の状況によっては、思うように就労先が得られないケースもままありうる。そのため、単に稼働能力があり、それを活用していないという理由だけで保護を認めないとする取扱いには、慎重な判断が求められる。

行政解釈では、稼働能力を活用しているか否かについて、単に年齢（「65歳未

満であれば稼働能力がある」等、機械的に判断されてしまう事例が多い）や医学的な面（「1日数時間程度の軽作業なら可能」等の医師の診断書があることを根拠に、稼働能力があるとして保護が認められないといった事例が見受けられる）からのみで判断してはならないことを前提としたうえで、①稼働能力があるかどうか、②その具体的な稼働能力を前提として、その能力を活用する意思があるか否か、③実際に稼働能力を活用する就労の場を得ることができるか否か、のいわゆる三要件により判断するものとしている。

　このような取扱いの契機となった事案として、「林訴訟」がある（第12章参照）。

保護に「優先」されるもの　法4条は、続く2項で「民法に定める扶養義務者の扶養及び他の法律に定める扶助は、すべてこの法律に優先して行われるものとする」と定める。4条1項における「資産、能力、その他あらゆるものの活用」が保護の「要件」とされているのに対し、「扶養義務者の扶養」および「他の法律に定める扶助」は保護に「優先」されるに過ぎず、位置づけが異なる。優先というのは、保護にあたってその実施や利用が強く求められるものの、それをしなかったことによって保護が受けられないことはない、ということである。

　(1)　**扶養義務者による扶養**　　民法上の扶養義務者による扶養は、保護に優先される。扶養義務者とは、配偶者（民法752条）、直系血族および兄弟姉妹（同877条1項）をいう。また、特別な事情がある場合には、家庭裁判所の審判により、3親等内の親族も扶養義務を負う。

　要保護者の扶養義務者が実際に扶養義務を履行できるかどうかは、それぞれの状況により異なる。行政通知においても、扶養義務の履行にあたっては、これを直ちに法律上の問題として取り運ぶのではなく、なるべく当事者間の話し合いによって円満に履行させるよう取扱うものとしている。その一方で、2013年の法改正により、扶養義務者が扶養義務を履行していない場合に、保護の決定をするときの扶養義務者への通知（法24条8項）や、扶養義務者からの保護の決定等に関する事項の報告徴収の求め（法28条2項）の規定が設けられる（本章10参照）など、保護にあたっての扶養義務の履行は強化される傾向にある。ただし、このような取扱いには批判も多い。

(2) 他の法律に定める扶助　　生活保護法は、日本の社会保障の中でも最終段階の救済制度、いわゆる最後のセーフティネットと位置づけられており、このことから、他の法律による扶助を受けられる場合には、まずその適用を受けなければならないという「他法優先の原則」が導かれる。具体的には、公的年金制度や介護保険制度などの社会保険制度、児童手当等の社会手当制度をはじめとするあらゆる制度が保護に優先して適用されることになる。

5　保護の基本原則

保護の実施における
4 つ の 原 則

生活保護法は、上記4つの基本原理に続いて、7条から10条で保護の実施にあたっての原則について定めている。基本原理が、いかなる場合も変更のできない、生活保護の根幹をなす法理であり、生活保護法の解釈および運用は、すべてこの原理に基づいてなされなければならない（法5条）のに対し、以下の諸原則は、若干の例外を伴う、保護実施にあたっての基本ルールとして規定されている。保護の原則は、**申請保護の原則**（法7条）、**基準及び程度の原則**（法8条）、**必要即応の原則**（法9条）、**世帯単位の原則**（法10条）の4つである。

申 請 保 護 の 原 則

法7条は、申請保護の原則について、「保護は、要保護者、その扶養義務者又はその他の同居の親族の申請に基いて開始するものとする。ただし、要保護者が急迫した状況にあるときは、保護の申請がなくても、必要な保護を行うことができる。」と定める。

(1) 当事者の申請が前提　　生活に困窮する国民には、憲法25条および生活保護法により、保護を請求する権利（保護請求権）が保障されている。法7条は、この権利が具体的に実現される前提として、国民自身が保護の申請を行い、それに基づいて保護が開始される旨を規定している。これは、給付の性質上、本人の意思に基づいて申請がなされることが適当であると考えられたことによる。

ただし、状況によっては、要保護者本人が申請を行うことができない場合も考えられることから、本人以外に、その扶養義務者または同居の親族が本人に

代わって申請を行うことができるものとされている。

(2)　**職権保護**　　このような申請保護の原則の例外として、要保護者本人が「急迫した状況（放置しておいたのでは生存が危うい場合や、切迫した状況にあるとき）」にある場合には、保護の実施機関（8章2参照）がその職権により保護を開始できる「**職権保護**」も規定されている。また、このことから、保護の実施機関は、申請保護の原則に固執することなく、要保護者の発見に努める責任や、要保護者が発見された場合には必要な措置を講じる責任を負うものと解されている。

基準及び程度の原則　　法8条は、基準及び程度の原則について「①保護は、厚生労働大臣の定める基準により測定した要保護者の需要を基とし、そのうち、その者の金銭又は物品で満たすことのできない不足分を補う程度において行うものとする。②前項の基準は、要保護者の年齢別、性別、世帯構成別、所在地域別その他保護の種類に応じて必要な事情を考慮した最低限度の需要を満たすに十分なものであつて、且つこれをこえないものでなければならない。」と定める。1項は厚生労働大臣が定める保護基準と、それに基づく保護の要否判定（保護を必要とするかどうかについての判定）について、2項は保護の程度について、それぞれ規定している。

(1)　**保護基準と要否判定**　　生活保護法に規定されている8種類の扶助の具体的な内容としての「保護基準」は、厚生労働大臣が法8条の規定に基づいて定め、「告示」の形で提示している。この保護基準は、憲法25条の定める「健康で文化的な最低限度の生活」（ナショナル・ミニマム）を「最低生活費」という形で具体的に示すと同時に、要保護者の収入とこの最低生活費とを対比して、その者が保護を受けることができるかどうかを判定する、保護の要否の判断基準ともなっている。そのうえでさらに、実際に保護を受給することになった者に対し、実際にどの程度の保護費を支給するかを決めるための尺度としても機能している。

　8種類の各扶助には、保護基準により、最低限度の生活の需要に応じて、詳細な扶助基準が設定されている。これを「**一般基準**」というが、この一般基準だけでは対応できないときは、厚生労働大臣が「**特別基準**」を定めることとさ

れている。

(2) **保護の程度と収入充当額**　保護は、保護基準に基づいて測定された要保護者の需要（最低生活費）と、要保護者の金銭または物品、すなわち要保護者の資力とを比較し、その不足分を補う程度において行われるが、その前提として、要保護者の資力がどれだけあるかを保護実施機関が認定する必要がある。これを「収入認定」といい、収入として認定される金額のことを「収入充当額」といっている。

収入充当額は、勤労収入、年金等の社会保障給付、物品などを処分して得られた金銭、仕送りなど、要保護世帯の収入の総額から、収入として認定することが適当でないものと、収入を得るために必要な経費や勤労収入への諸控除などを差し引いて算定される（この点についての詳細は第4章参照）。

必要即応の原則　法9条は、**必要即応の原則**について、「保護は、要保護者の年齢別、性別、健康状態別等その個人又は世帯の実際の相違を考慮して、有効且つ適切に行うものとする。」と規定する。

保護実施機関は、法の規定や保護基準を、機械的・画一的に運用するのではなく、要保護者の個別の必要を十分に考慮して有効かつ適切な保護を行わなければならない。「無差別平等」は、保護の重要な基本原理の1つであるが、これを形式的に解して、安易に機械的・画一的な制度運用が行われるようなことがあってはならない。保護におけるこのような「個別性」は、他の社会保障制度にはみられない、生活保護の大きな特徴の1つである。

世帯単位の原則　法10条は、**世帯単位の原則**について、「保護は、世帯を単位としてその要否及び程度を定めるものとする。但し、これによりがたいときは、個人を単位として定めることができる。」と規定する。

(1) **世帯単位の原則における「世帯」**　法に基づく保護請求権は、生活困窮者個々人に保障されているが、保護の要否や程度は、世帯を単位として行われるという原則である。これは、生活困窮という状態は、生計を1つにしている世帯という単位全体を観察して初めて実態が把握されるという社会通念に基づくものであるとされる。

　ここでの「世帯」とは、同一の世帯に居住し、生計を1つにしている人の単位をいうものとされている。すなわち、「**同一居住・同一生計**」であれば、親族以外の者であっても世帯の構成員とみなされるということである。また、必ずしも同居していなくても、夫婦間または親の未成熟の子に対する関係にある者が就労のため他の土地に寄宿している（いわゆる出稼ぎなど）場合、病気治療のために病院等に入院入所している場合（一部例外あり）などで、経済的に他の世帯員と一体性があると認められるときは、同一世帯に属しているものとみなされる。

　(2)　**世帯単位の原則の例外──世帯分離**　　このように、保護においては、最低

図表3-2　世帯分離して生活保護が受けられる場合

	収入のない者を分離し、分離した者を保護する場合	収入のある者を分離し、残りの世帯員を保護する場合
居住を同一にする場合	（1）生活保持義務関係（夫婦と義務教育終了前の子）にない世帯に転入した要保護者 （2）常に介護または、監視を要する高齢者、重度障害者等（生活保持義務関係にないが、あってもその者の収入が保護基準以下の場合）	（3）稼働能力があって、収入を得る努力をしない（保護の要件を欠く）者 （4）保護を受けている世帯員の日常生活を世話するために、転入した保護を要しない者 （5）結婚、転職などのため1年以内に別世帯となる者 （6）大学等に修学する者
居住を別にする場合	（7）出身世帯に生活保持義務関係にない者で6ヶ月以上入院を要する者 （8）出身世帯に配偶者がいるが1年以上入院し、かつ長期入院を要する精神・中枢神経機能を患っている者 （9）生活保持義務関係にある者が、すでに3年以上入院し、かつ、引き続き入院を要する者 （10）上記による者が結核予防法や精神保健および精神障害者福祉に関する法律により入院・構成を目的とする入院・入所をしている場合 （11）上記（8）（9）（10）による者の再入院・所の場合 （12）救護、特別養護などの施設等の入所者または出身世帯員	（13）左記（7）（8）（9）と（11）以外の場合で6ヶ月以上入院している患者の出身世帯員で、患者とは生活保持義務関係にない収入のある者

（出典）筆者作成

生活費の算定、収入認定、各扶助費の算定、資産の保有状況の把握などは、いずれも世帯を単位として行われるが、「これによりがたいとき」は、個人を単位として保護の要否や程度を決定する場合がある。これが、世帯単位の原則の例外としての「世帯分離」の取扱いである。

　世帯単位の原則によりがたいとき、すなわち個人を単位とする場合とは、世帯単位で保護の要否を決定すると、①かえって最低生活の保障に欠ける場合があり、②世帯あるいは世帯員の自立を損なう場合が現実に起きるために、法の目的を達成することができない場合をいうものとされている。

　保護の実施要領では、このような解釈基準に基づき、世帯分離が行われる場合について、稼働能力があるにもかかわらず、収入を得る努力をしようとしない者が世帯にいる場合（この場合、稼働能力のある者と、そうでない者とを世帯分離し、稼働能力のない構成員に対してのみ保護が行われる）など、具体的な事例を分類し、列挙している（図表3-2）。

6　保護受給の流れ（保護の申請・決定・実施）

保護受給の手続きの流れ　　　生活困窮者が生活保護を利用しようとする場合の一般的な手続きの流れは次のとおりである。

---

①受付・相談→②申請→③資産調査（ミーンズテスト）→④判定→⑤決定→⑥保護費の支給→（⑦保護の廃止）

　このような保護の実施過程の流れに沿い、福祉事務所の担当ケースワーカー（第8章2参照）によって、最低生活保障と自立助長に向けた援助が行われることになる。

　(1)　**受付・相談**　　保護を希望する人は、まず福祉事務所で受付および相談を受けることになる。この相談は、特に法的に位置づけられたものではないが、相談者の状況を把握するインテークの段階として、実務上は重要な意味をもっている。

　(2)　**申　請**　　保護を希望する場合、申請書を提出して保護開始の申請を行

う。

　申請には実施機関の定めた様式の申請書を提出するのが通常である。従来、法には申請に一定の様式を要求する旨の規定はなかったが、2013（平成25）年の法改正において、保護の開始を申請する者は、必要事項を記載した申請書その他必要な書類を実施機関に提出しなければならない旨の規定（生活保護法24条1項・2項）が設けられた。ただし、特別の事情がある場合はこの限りでないとされており、（同条1項但書）、現在では実務においても、保護の申請は必ず定められた方法により行われなければならない要式行為ではなく、申請の意思が明確であれば口頭による申請なども認められると解されている。

　(3)　**資産調査（ミーンズテスト）**　　保護の補足性の原理に基づき、ケースワーカーが申請者宅等を訪問して、預貯金や不動産をはじめとする利用しうる資産の状況、稼働能力の有無、他の法律・制度の利用の可能性、親族関係における扶養の可能性等について調査を行う。これが**資産調査（ミーンズテスト）**と呼ばれる手続きであるが、保護の実施機関がこのような調査を行ううえでの法的根拠は、法28条の「報告、調査及び検診」、および29条の「資料の提供等」に求められる。

　(4)　**要否判定**　　資産調査の結果と、保護基準に基づく当該世帯の「最低生活費」とを比較し、当該世帯の保護の要否判定が行われる。保護が必要と判定されれば保護開始決定が、保護は不要と判定されれば申請却下決定が、実施機関の長によりなされ、その結果が申請者に通知される。これらの「決定」は、いずれも行政法上の行政処分である。結果の通知は、申請から14日以内（資産調査に日時を要する場合その他特別な理由がある場合は30日以内）に書面で行わなければならない（法24条3項、5項）。30日以内に通知がない場合、申請者は申請が却下されたものとみなすことができる（同条7項）。

　(5)　**保護の程度の判定・決定、保護費の支給**　　保護開始決定がなされた世帯に対しては、補足性の原理と基準及び程度の原則に基づき、資産調査の結果と最低生活費とを比較したうえで、当該世帯の収入の不足分を補う程度において保護費の支給が行われる。

　この際まず問題となるのは、収入がいくら不足しているか（＝保護費をいくら

支給すればよいか）であるが、次に重要なのが、当該世帯の生活状況に照らして、その不足分をどのような費目・内容で補うか、という点である。この点、生活保護法には、個々の世帯の生活状況を保護に適切に反映させるため、最低限度の生活の維持に必要な8種類の扶助が規定されている（本章7参照）。これらの扶助を適宜組み合わせ、保護の程度が決定され、これに基づき保護費の支給が行われる。

収 入 認 定　**(1) 収入認定の手続き**　保護の開始後も、被保護者は、最低限度の生活の維持に活用するため、可能な限りで収入を得ることが求められる。したがって、当該世帯の収入は、保護実施の過程において、定期的に把握される必要がある。そのために行われるのが**収入認定**の手続きである。

　収入認定は、「月額による」ものとされており、「収入に関する申告と調査」に基づき、被保護者から収入申告書を徴収することにより行われる。収入申告書の提出は、被保護者のうち就労可能と判断される者については毎月（常時雇用されており、収入の増減が少ない場合は3ヶ月ごと）、就労困難と判断される者については、少なくとも12ヶ月ごととされている。その際、収入申告書記載の内容を証明すべき資料（給与明細等）があれば、必ずそれも提出しなければならないこととされている。

　さらに実施要領では、このような申告の内容については、必要に応じて関係先に調査を行うこととされているが、この場合、被保護者のプライバシーへの十分な配慮が求められる。

　(2) 就労認定の実際　収入認定にあたっては、必ずしもすべての収入が収入として認定されるわけではなく、社会通念上収入として認定することが適当でないもの等を控除（差し引く）したものが「**収入充当額**」として収入認定される。そのため、収入の種類に応じた認定方法が実施要領に定められている。

　特に、被保護者が就労によって得た収入（勤労収入）については、「基礎控除」「特別控除」、もしくは「必要経費」といった形で、様々な費目が収入から控除される。その結果、勤労収入のある被保護世帯においては、各月の勤労収入と保護費を合わせた金額が、最低生活費よりも多くなる仕組みとなっている。被

保護世帯の就労による自立を促すための仕組みである。

　他の法律、特に社会保障の各制度などによる給付や、親族などからの仕送り・贈与等は、社会通念認定することが適当でないものや必要経費を除いて、いずれも全額が収入認定される。また、一時的な収入（宝くじの当選金、競馬等のギャンブルによる利益など）も、当然収入認定の対象となる（これらの金額が高額である場合、保護の廃止も考えられる）。

　一方、社会通念上収入認定することが適当でないものとして、実施要領は、出産や就職、結婚、葬祭等に際して贈与される祝金・香典料、生活福祉資金貸付制度（第10章3参照）により貸し付けられた資金のうち自立更生に充てられる額など17項目を挙げている。

7　保護の種類と内容

保護の種類
── 8種類の扶助
すでに紹介したとおり、生活保護法においては、被保護世帯個々の生活実態に応じた保護を行うため、生活費の費目に応じて、①生活扶助、②教育扶助、③住宅扶助、④医療扶助、⑤介護扶助、⑥出産扶助、⑦生業扶助、⑧葬祭扶助の8種類の扶助を設けている（図表3-3参照）。これらの扶助が最低生活費の体系を構成しており、各扶助には保護基準により基準額が定められている。保護は、保護の程度の決定として、世帯の状況に応じてこれらの扶助を適宜組み合わせる（併給する）ことにより行われる。

　この章では、以下でこれら8種類の扶助の内容について説明していくが、特に重要で論点も多い生活扶助、住宅扶助、医療扶助、介護扶助については、本書では概略を紹介するにとどめ、それぞれ別に章を設けて説明する（生活扶助については第4章、住宅扶助・医療扶助・介護扶助については第5章）。

生活扶助
（法12条）
飲食物費、被服費、光熱費などの「生活の需要を満たすもの」および転居費用や保護施設への入所の費用といった「移送」の費用に関する扶助で、保護の内容の中心かつ基本となるものである。本来、最低生活費というのは被保護世帯の必要に応じた8種類の

図表 3-3　最低生活費の体系（8種類の扶助）

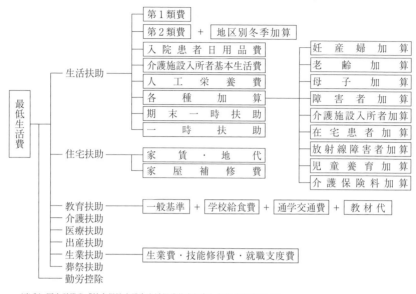

（出典）厚生労働省「社会保障審議会生活保護基準部会」資料（2016年 5 月）

扶助の組み合わせにより算定されるものであるが、マスコミ等において生活保護では保護費がいくら支給されるか、といったことが話題となるときも、取り上げられているのはこの生活扶助の基準額である場合が多い。

　生活扶助の詳細については第 4 章を参照されたい。

教　育　扶　助
（　法　13　条　）　教育扶助では、義務教育に伴って必要となる、①学用品、②通学用品、③学校給食その他必要なものの範囲で行われる扶助である。

　具体的な内容として、一般基準と特別基準が設けられており、それぞれに費目が定められている。

　一般基準としては、基準額、教材代、学校給食費、通学のための交通費、学習支援費（学習参考書等の購入費、課題のクラブ活動の要する費用）が設けられている。また、特別基準には、学級費等（学級費、児童会または生徒会費、PTA 会費等）、災害時等の学用品費の再支給、校外活動参加費（修学旅行を除く）が設け

られている。

　教育扶助は原則として金銭給付によることとなっており、通常、生活扶助と合わせて支給されるが、これによることができないときは現物給付によって行うことができる。支給先は、通常は被保護者、親権者などであるが、状況によって学校長に対しても交付することができる。特に給食費についてこの取り扱いがなされている場合が多いようである。

住　宅　扶　助（法 14 条）　住居費（家賃、地代など）、持ち家の場合の補修その他住宅の維持のために必要なものの範囲において行われる扶助である。

　住宅扶助は、金銭給付によって行うものとされているが、これによることができないときは現物給付によって行われる。住宅扶助の現物給付の方法としては、生活保護法上の入所施設の一つである「宿所提供施設」に宿泊させるか、宿所提供施設に委託して行うこととされている（法33条。宿所提供施設を含む生活保護法上の入所施設については本項で後述）。

　住宅扶助の詳細については第 5 章 1 を参照されたい。

医　療　扶　助（法 15 条）　被保護者が医療サービスを受けるための扶助で、①診察、②薬剤または治療材料、③医学的処置、④居宅における療養上の管理およびその療養に伴う世話その他の看護、⑤病院または診療所への入院およびその療養に伴う世話その他の看護、⑥移送の範囲で行われる。

　医療扶助は、厚生労働大臣または都道府県知事が指定した、生活保護法上の指定医療機関もしくは施術院において現物給付により行われる。その給付については、指定医療機関において、国民健康保険の診療方針および診療報酬の例により行われるものとされており、実質的に医療保険と同様の医療サービスを受けることができる。

　医療扶助の詳細については第 5 章 2 を参照されたい。

介　護　扶　助（法 15 条の 2）　被保護者が介護サービスを受けるための扶助で、①居宅介護（居宅介護支援計画（ケアプラン）に基づき行うものに限る）、②福祉用具、③住宅改修、④施設介護、⑤介護予防（介護予防

支援計画に基づいて行うものに限る）、⑥介護予防福祉用具、⑦介護予防住宅改修、⑧介護予防・日常生活支援の範囲において行われる。すなわち、介護保険法に基づく給付内容と同様の給付が受けられる。

　このような扶助が設けられている制度上の理由は、次のとおりである。

　被保護者は、医療保険制度のうち、国民健康保険および後期高齢者医療制度の被保険者となることができない（国民健康保険法6条6号、高齢者の医療の確保に関する法律51条2号）。保護受給開始までこれらの制度の被保険者であった場合、これらの制度から脱退しなければならない（健康保険等の被用者保険の被保険者である場合には引き続きそれに加入できる）。

　この場合、被保護者の医療サービスについては医療扶助により現物給付が行われる。この場合の被保護者自身の医療費の自己負担はない。

　介護保険に関しては、被保護者が40歳以上65歳未満で、医療保険制度から脱退している場合、介護保険の第2号被保険者にもなることができない（介護保険の第2号被保険者は、40歳以上65歳未満の医療保険加入者と規定されているため）。これに対し被保護者が65歳以上の場合には、介護保険の第1号被保険者となる。この場合の介護保険料は、生活扶助の「**介護保険料加算**」により支給される。

　40〜64歳で介護保険未加入の被保護者が特定疾病により要介護・要支援状態となり介護サービスを受けた場合、それに要する費用は全額介護扶助から支給される（本人の自己負担はない）。65歳以上で介護保険の第1号被保険者である被保護者が介護サービスを受けた場合、介護保険により費用が賄われ、自己負担分（1割）は介護扶助から支給される。したがって、65歳以上の保護受給者も、介護サービスの費用に関する自己負担は実質的にない。

　その他介護扶助の詳細については第5章3を参照されたい。

出　産　扶　助
（　法　16　条　）

出産をするときの扶助で、①分娩の介助、②分娩前および分娩後の処置、③脱脂綿・ガーゼその他の衛生材料の範囲において、原則として金銭給付により行う。

　出産費用の助成制度としては、児童福祉法による入院助産制度等も設けられていることから（同法22条）、実際には適用されることの少ない扶助である。

生業扶助
（法17条）

生業（暮らしを立てていくための仕事）により自立を目指す被保護者に対して行われる扶助で、①生業に必要な資金、②生業に必要な技能の修得、就労のために必要なものの範囲において行われる。

　実施要領では、**生業費**（生業としての小規模の事業を営むのに必要な費用。例えば工場の設備費など）、**技能習得費、就職支度費**（就職が決まった際の日用品の購入費用）の3種類が定められており、特徴的なものとして、技能習得費による**高等学校等就学費**（基本額、教材代、授業料、入学料、入学考査料、通学のための交通費など）の支給がある。従来、被保護世帯に対する高等学校等の就学費用の支給は認められていなかったが、2005年度から、生業扶助による支給が行われることとなったものである。

葬祭扶助
（法18条）

葬祭を行うための扶助で、①検案、②死体の運搬、③火葬または埋葬、④納骨その他葬祭に必要なものの範囲において行われる。

　葬祭扶助が適用される場合としては、死亡者に対してその遺族または扶養義務者が困窮のため葬祭を行うことができないときのほか、保護受給者であった者が死亡してその葬祭を行う扶養義務者がいない場合において、死亡者の遺留金品が乏しく、それだけでは葬祭を行うのに必要な費用を満たすことができないときなどが想定されている。

保護施設における保護

(1)　**保護施設の種類および内容**　これら8種類の扶助のうちでも中心的な役割を占める生活扶助は、被保護者の居宅で行われることを原則とするが、「これによることができないとき、これによっては保護の目的を達しがたいとき、または被保護者が希望したとき」には、施設等に入所させ、または入所を委託することにより保護を行うことができる（法30条）。このような施設での保護を行うための施設が保護施設であり、現在、法38条により、**救護施設、更生施設、医療保護施設、授産施設、宿所提供施設**の5種類が規定されている。各施設の目的と対象者は図表3－4のとおりである。

　法30条の「これによることができないとき」とは、居宅を有しない要保護者

図表 3-4　保護施設の目的・対象者等

施設の種類	種別	入（通）所利用別	施設の目的
救護施設 （法38条1項） 186施設	第1種	入所	身体上または精神上著しい障害があるために日常生活を営むことが困難な要保護者を入所させて、生活扶助を行う
更生施設 （法38条2項） 21施設	第1種	入所	身体上または精神上の理由により養護および生活指導を必要とする要保護者を入所させて、生活扶助を行う
医療保護施設 （法38条3項） 59施設	第2種	利用	医療を必要とする要保護者に対して、医療の給付を行う
授産施設 （法38条4項） 16施設	第1種	通所	身体上もしくは精神上の理由または世帯の事情により就業能力の限られている要保護者に対して、就労または技能の修得のために必要な機会および便宜を与えて、その自立を助長する
宿所提供施設 （法38条5項） 10施設	第1種	利用	住居のない要保護者の世帯に対して、住宅扶助を行う

（出典）厚生労働統計協会編『国民の福祉と介護の動向2018/2019』（厚生労働統計協会、2018年）389頁に加筆修正。
　　　施設数は厚生労働省「平成29年　社会福祉施設等調査の概況」による

を保護する場合などを、また「これによっては保護の目的を達しがたいとき」とは、居宅らしいものはあるが、非常に不健康な状態であるため、そこで日常生活を営ませることが適当でない場合や、一応居宅はあるが要保護者に日常生活の用を弁ずる力がなく、しかもその世話をする者がいない場合、身体上または精神上の理由により、もしくは特殊な事情により特にその要保護者を家庭から隔離して保護を行う必要があるような場合をいうものと解されている。

　(2)　保護施設の設置と運営　　保護施設はいずれも社会福祉法上の第1種社会福祉事業（医療保護施設のみ第2種）とされ、設置主体は都道府県および市町村、地方独立行政法人、社会福祉法人、日本赤十字社に限られている。これは、保護施設が最低限度の生活を保障するための施設であり、保護受給者の生活全般にかかわりをもつものであることによる。

　このことから、保護施設の設備、運営などについては、厚生労働省令に基づ

き、都道府県知事が条例で基準を定めなければならず、また、保護施設の指揮
監督機関として、施設の運営についても適切な指導をしなければならない。

　また、保護施設には、実施機関からの保護の委託を正当な理由なく拒んでは
ならないこと、要保護者に対し、人種、信条、社会的身分などにより差別的ま
たは優先的な取扱いをしてはならないこと、宗教上の行為、祝典、儀式または
行事に参加することを強制してはならないこと等の義務も定められている。

　(3)　**通所事業・居宅生活訓練事業**　　通常の施設保護に加えて、保護施設が利
用者の自立を促すために実施している事業として、**通所事業**と**居宅生活訓練事
業**がある。

　通所事業は、保護施設を退所した者のうち、引き続き指導訓練等が必要と認
められる者に対し、保護施設に通所させて指導訓練等を実施し、または施設職
員が居宅等へ訪問して生活指導等を実施することで、居宅で継続して自立生活
を送れるよう支援するとともに、保護施設からの退所を促進し、施設定員の有
効活用を図ることを目的として、救護施設および更生施設において2002年度か
ら実施されている。

　居宅生活訓練事業は、救護施設において居宅生活に向けた生活訓練を行うと
ともに、居宅生活に移行可能な対象者のための訓練用住居（アパート、借家等）
を確保し、より居宅生活に近い環境で実体験的に生活訓練を行うことにより、
施設に入所している被保護者がスムーズに居宅生活に移行し、継続して居宅に
おいて生活できるよう支援することを目的として、2004年度から実施されてい
る。

8　被保護者の権利および義務

　法は、56条から63条において、被保護者の権利および義務について規定して
いる（本節では、法の規定に即して、保護受給者を「被保護者」と呼称する）。通常、
生活保護法上の権利といえば、保護を受ける権利、すなわち保護請求権を指す
が、ここでの権利とは、保護を実施するうえで被保護者に対して認められてい
るものを指す。一方、被保護者の義務は、保護受給にあたって被保護者が「し

なければならないこと」、「してはならないこと」というニュアンスをもつものである。

被保護者の権利　(1) **不利益変更の禁止（法56条）**　被保護者は、正当な理由がなければ、すでに決定された保護を実施機関によって不利益に変更されることがない。保護が憲法上保障された権利である以上、実施機関によって決定された内容の保護を受けることそのものも被保護者の権利であるのは当然である。保護の不利益変更（例えば保護費の減額、保護の停廃止など）を行う場合、法令の定める要件を満たしていなければならず、なおかつ正規の手続きに基づいて行われるものでなければならない。

(2) **公課禁止（法57条）**　被保護者は、保護金品を標準として租税その他の公課を課せられることがない。これは、保護金品（保護において給付されるもの）が最低限度の生活を保障するためのものであり、かつこれを超えないものである以上、当然のことといえる。

(3) **差押禁止（法58条）**　被保護者は、すでに給付を受けた保護金品またはこれを受ける権利を差し押さえられることがない。公課禁止の場合と同様で当然のことといえるが、この権利は、特に民事上の債権・債務関係において保護金品を保障する（例えば、金融業者が保護費から借金の返済を迫るといったことがないようにする）趣旨である。

被保護者の義務　(1) **譲渡禁止（法59条）**　被保護者は、保護を受ける権利を譲渡することができない。これは、保護を受ける権利が被保護者だけに帰属する「**一身専属**」の権利とされているためである。

(2) **生活上の義務（法60条）**　被保護者は、常に能力に応じて勤労に励み、自ら、健康の保持および増進に努め、収入、支出その他生計の状況を適切に把握するとともに、支出の節約を図り、その他生活の維持、向上に努めなければならない。ただし、この義務に反したことを理由として、直ちに制裁的な措置を行うことはできないと解されており、その意味で、この規定は訓示的な意味にとどまるものと解されている。

(3) **届出の義務（法61条）**　被保護者は、収入、支出、その他生計の状況に

コラム3-1　保護受給者と借金

　保護の実施に際して、借金問題が保護受給者の大きな生活課題である場合が少なくない。この場合の課題は、保護受給前から借金があった場合と、保護受給中に借金をした場合とに大別できる。

　借金があることを理由として保護が拒否されることはない。これは、法2条の無差別平等の原理からも当然のことである。

　ただし、支給された保護費を借金の返済にあてることは認められない。保護はあくまでもその時点での最低限度の生活を保障するためのものだからである。返済が困難な場合には、自己破産など、別途の対応が検討されることになる。

　このこととの関係で問題とされてきたのが、国の「年金担保貸付」制度である。これは、年金受給権（年金証書）を担保として貸付を行うものである（実施が認められているのは、独立行政法人福祉医療機構のみ）が、融資後は、支給される年金から一定額が返済にあてられる（実質的に年金の前借りとしての性質をもつ）ため、受け取ることのできる年金額が少なくなり、結果として生活保護に至るケースが後を絶たなかった。このため、現在では保護受給者については同制度を利用できないことになっており、この制度そのものも2022年度末限りで申込受付を終了し、最終的に廃止される予定となっている。

　他方、保護受給中に借金をすることは原則として認められない。借金により、最低生活費を上回る収入を得ることになるためである。仮に借金をした場合、その分が収入とみなされ、翌月以降の保護費が減額されることになる。さらに、借金をしたことを福祉事務所に申告していなかった場合、法63条（費用返還義務）、もしくは78条（不正な手段により保護を受けた場合の費用徴収）に基づき、保護費を返還しなければならない。さらに、78条の不正受給の場合、罰則として最大で未申告額の1.4倍の費用が徴収されることもありうる。

　保護受給者が貸付を受けられる例外として、生活福祉資金貸付制度による貸付がある（第10章3参照）。以前は保護受給者が同制度により貸付を受けた場合、それも収入とみなされていたが、現在では、収入認定から除外される取扱いがなされている。

ついて変動があったとき、または居住地もしくは世帯の構成に移動があったときは、速やかにその旨を届け出なければならない。具体的には、勤労収入に変動があった場合、世帯員の増減、入退院、転居などが考えられる。

　⑷　**指導指示等に従う義務（法62条）**　　保護の実施機関は、被保護者に対し

て、法27条に基づく必要な指導指示や、30条に基づく保護施設への入所決定などを行うことができるが、被保護者はこれらの指導指示等に従わなければならない。この規定は単なる訓示規定ではなく、保護実施機関は、被保護者がこの義務に違反した場合には、保護の変更、停止または廃止を行うことができる（法62条3項）。保護の実施機関は、保護の変更、停廃止を行う場合には、あらかじめ、処分理由、弁明すべき日時・場所を通知して、被保護者に弁明の機会を与えなければならない（同条4項）。

(5) **費用返還義務（法63条）**　急迫した事情などのため、本来資力があるにもかかわらず保護を受けた者は、その受けた保護金品に相当する金額の範囲内において保護の実施機関の定める額を返還しなければならない。ただし、保護実施機関が被保護者に対し費用の返還を求める決定を行う際は、被保護者の生活実態をよく把握したうえでなければならないと解されている。

9　不服申立てと裁判

生活保護と不服申立て・裁判　保護の実施にかかわる決定（保護開始決定、保護却下決定、保護変更決定、保護停止・廃止決定、費用返還決定等）は、いずれも保護実施機関による「行政処分」として行われる。これらの決定によって権利の侵害を受けるなど、決定に不服がある場合には、不服申立てや行政訴訟の提起を行うことができる。これらの制度は、国民の保護請求権を手続き的な側面から保障するという点で、重要な意義をもっている。

不服申立て（審査請求・再審査請求）　実施機関の処分（決定）に不服がある場合、生活保護法および行政不服審査法（以下「行審法」）の規定に基づき、**不服申立て**を行うことができる。不服申立てには、都道府県知事に対する**審査請求**と、厚生労働大臣に対する**再審査請求**の2段階がある（ただし、法78条に基づく徴収決定については、例外的に実施機関に審査請求する例もある）。

(1) **都道府県知事に対する審査請求**　処分に不服がある場合に、最初に行われるのが都道府県知事に対する審査請求である。処分に不服がある者は、その

処分があったことを知った日の翌日から起算して3ヶ月以内に、都道府県知事に対し審査請求を行うことができる。

　審査請求を受理した都道府県知事は、行審法の定める手続きに基づき、その処分について審理したうえで裁決（請求の認容（処分の取消し）、却下、棄却等）を行う。この審理については、当該処分に関与していない職員が審理員が行う仕組みが採用されている。また、審理内容（審理員意見書）については、原則として有識者からなる第三者機関（行政不服審査会等）への諮問が行われなければならない（行政不服審査法43条1項）。これらの仕組みは、審査請求が行政機関内部で行われる手続きであることから、審査の公正性をより向上させる目的で、2014年の行審法改正により新たに導入されたものである。

　知事による裁決は、通常は請求から50日以内、審査会への諮問を行う場合は70日以内に行われなければならない。この期間内に裁決がない場合は、請求が棄却されたものとみなされる（実際にもそのような事案がみられる）。

　上述のとおり、処分について争う手段は、行審法に基づく不服申立てと、行政事件訴訟法に基づく行政訴訟とがあるが、生活保護法上の処分に関しては、まず審査請求を行い、知事の裁決を経たうえでなければ、行政訴訟を提起することができない（法69条）。これを「**審査請求前置主義**」という。これは、処分による権利侵害については、審理手続きの複雑な行政訴訟よりも、専門的な行政機関における簡易迅速な手続きによってその誤りを正すことにより、速やかに権利の回復を図るべきである、という考え方に基づくものである。

　(2)　**厚生労働大臣への再審査請求**　　審査請求における知事の裁決になお不服がある者は、厚生労働大臣への再審査請求か、行政訴訟の提起のいずれかを選択することができる。通常は再審査請求が選択される場合が多い。

　知事の裁決に不服がある者は、その裁決のあったことを知った日の翌日から起算して1ヶ月以内に、厚生労働大臣に対し再審査請求を行うことができる。厚生労働大臣は、審理手続きのうえ、請求から70日以内に裁決を出さなければならない。

　裁判（行政訴訟）　　厚生労働大臣による裁決にも不服がある場合は、処分の取消しを求めて裁判所に行政訴訟（取消訴訟）

図表 3-5　生活保護制度における不服申立て等の手順

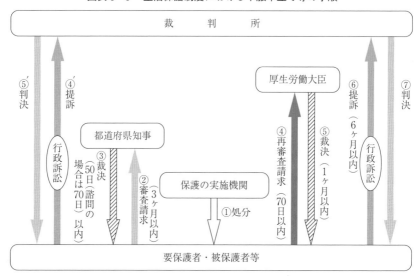

〔注〕再審査請求（④→⑤）を行わずに提訴することも可能（④′→⑤′）。
　　　（出典）『トピック社会保障法〔第13版〕』（不磨書房、2019年）

を提起することになる。この訴訟は、処分または裁決を知った日から6ヶ月以内に行われなければならない。また、生活保護法上の処分に関する行政訴訟については、少なくとも審査請求における知事の裁決を経たうえでなければ提起できない審査請求前置主義が採用されていることは上述のとおりである。

10　保護の不正・不適正受給対策

不正受給の状況　厚生労働省の調査によると、2015年度の生活保護における不正受給件数は4万3938件で、前年度から若干の増加であった。同年度の被保護者数は216万3685人であったので、全体の2％程度ということになる。**不正受給**の内容としては、「稼働収入の無申告」が全体の半数近くを占め、その他では「稼働収入の過少申告」、「各種年金等の無申告」等が主なものである。

　1981年に、暴力団員による保護の不正受給が発覚したことを契機として、国は保護の適正実施の名の下で、各種の対策に取り組んできた。その中には、意図的に保護を受給させないようにする、いわゆる「水際作戦」（故意に保護申請書を渡さないなど）等として問題視された事例もあり、国民の最低生活保障のための制度としての在り方が改めて問われることとなった。

　近時では、2013年12月の法改正により、不正・不適正受給対策が強化され、2014年7月の見直しを経て現在に至っている。

　保護の不正受給については、制度の費用の全額が租税で賄われていることもあり、社会の批判の対象となりやすいが、実態を適切に把握したうえでの対応が重要である。不正受給対策、保護の適正実施の名の下で、真に保護を必要とする者への支援が妨げられるようなことがあってはならない。

　不正受給の費用徴収と罰　　　　　則　　（1）**不正受給の費用徴収**　　不実の申請その他不正な手段により保護を受けた場合、費用の支弁者（都道府県または市町村の長）は、その費用の額の全部または一部をその者から徴収できるほか、その徴収する額に100分の40を乗じた額以下の金額を別途徴収することができる（法78条）。後半部分の追加の費用徴収の制度は、2013年の法改正により新たに追加されたものである。また、同改正により、被保護者が申し出た場合で、保護の実施に支障がないと認められる場合には、上記の徴収金と保護費を相殺することができる旨の規定も追加された（法78条の2）。

　（2）**罰　則**　　不正受給については、このような費用徴収に加えて、3年以下の懲役または100万円以下の罰金に処せられる（法85条）。2014年からは、保護費に加えて、就労自立給付金などの不正受給についてもこの罰則規定の対象とされることとなった。さらに、場合によっては刑法の詐欺罪の適用もありうる。

　2013年法改正による不正・不適正受給対策の強化　　2013年の法改正では、上述した徴収金の上乗せ規定や罰金の最高額の引き上げ（従来30万円であったものを100万円に引き上げ）、徴収金と保護費との相殺のほか、次のような不正・不適正受給対策の強化が行われている。

　（1）**保護の実施機関および福祉事務所長の調査権限の拡大（法29条）**　　福祉事務

所は、保護の決定等に必要がある場合には、官公署、金融機関等に対し必要な書類の閲覧、資料の提出等を求めることができる。従来、この調査権限は、要保護者の「資産及び収入」に限定されていたが、この法改正により、これに加えて就労や求職活動の状況、健康状態、扶養の状況等に関する事項等も対象となった。また、保護廃止後に不正受給の疑いが生じることもあることから、過去に保護を受給していた者も調査対象に追加された（ただし、保護受給期間中の事項に限られる）。さらに、福祉事務所が行う官公署等への情報提供の求めに対して、官公署等に回答を義務づける規定も設けられている。

(2) **扶養義務者に対する報告の求め（法28条1項）**　保護の実施機関が必要と認めた場合には、その必要な限度で要保護者の扶養義務者に対して、扶養の可否や、扶養義務を果たせない場合の理由などについて報告を求めることができるものとされた。ただし、要保護者がDVによる被害を受けている場合など、真に保護が必要なものに対する保護の妨げとなるおそれがある場合は除かれる。要保護者の扶養が十分可能と思われる扶養義務者に、扶養の責任を果たしてもらうことを趣旨とする規定である。

(3) **第三者行為求償権の創設（法76条の2）**　被保護者が医療扶助または介護扶助を受けた事由が第三者の行為によって生じたときは、その支弁した費用の限度において、被保護者がその第三者に対して有する損害賠償請求権を都道府県または市町村が取得する旨の規定が設けられた。

これは、例えば、被保護者が交通事故などを原因として損害賠償請求権を取得した場合、損害保険会社等に対して損害賠償請求を行い、受領した賠償金を医療費を含む最低生活費に充てるのが本来であるが、その被保護者に対して先に医療扶助が行われると、その被保護者は損害賠償請求を行わずにすませてしまう、といった事案が頻繁にみられたことに対応するための規定である。

第 4 章

生活保護基準の考え方

1　生活保護制度によって保障される生活水準

「健康で文化的な
最低限度の生活」が
で き る 水 準

生活保護法3条では、国民に対して保障すべき最低生活を「健康で文化的な生活水準を維持することができるものでなければならない」と規定している。

しかし、現に生活に困窮する国民を救済するためには、最低限度の生活需要が充足されているか否かを判断する具体的な基準を設定することが必要となる。この基準は、生活保護法8条において、厚生労働大臣が定めることになっていることから、国民にどの程度の生活水準を国家が保障しているのか、いわゆる「ナショナル・ミニマム」としての機能をも有している。

この基準は**憲法25条**で規定する「健康で文化的な最低限度」の生活水準であり、単に生理的生存が可能な水準ということではなく、人間としての尊厳と体裁が維持できる社会的・文化的生活が充足される水準でなければならない。つまり、この生活保護基準は、生活保護の要否を決定する基準のみならず、わが国の社会保障の水準を示す尺度ともなっており、生活困窮であるかどうかを判断する「**貧困線**」としての役割をも果たしている。

生活保護制度においては、要保護者の生活需要の態様、性質などに応じた、8種類の扶助のそれぞれに基準が定められている。これらの基準は、要保護者の年齢別、世帯人員別、所在地域別など、各扶助における様々な事情を考慮して設定されている。

2　生活扶助基準の設定方法の変遷

8つの扶助のうち、最も基本的な扶助である生活扶助の基準については、これまで以下のような変遷をたどっている。

マーケットバスケット方式（1948年8月〜1960年度） 最低生活維持に必要な飲食物、衣類、家具什器、光熱水費等の個々の品目を文字通り買い物かご（マーケットバスケット）に入れるように具体的に積み上げ、それぞれの価格の合計額を最低生活費を算定する方式である。ラウントリーが、最低生活費の算定のために最初にこの方式を用いたことから「ラウントリー方式」ともいい、また、個々の品目を1つ1つ積算することから「全物量積み上げ方式」、さらに、食費に関してカロリー計算に基づき理論的に算定していることから「理論生計費方式」ともいわれる。

この方式の計算の基礎は、国立栄養研究所の「日本国民栄養要求量標準表」に基づき、年齢、性別、就労状況によって異なる栄養所要量を、標準世帯を設定してその家族構成に必要な熱量と所要のたんぱく質量を最も安い食料によって満たす費用が最低生活費の飲食物費とされた。しかし、この方式による生活扶助基準は、子育てや勤労に従事しない「無業」の成人を前提としており、それを補う形で加算や勤労控除が創設されたものの、生活扶助基準自体は、その年齢、性別による栄養所要量を十分に満たすものではなかった。さらに、その他の費目については的確な指標が乏しく、消費物価や賃金の上昇が起きると保護基準の上昇が遅れがちになるという欠点が、結果として、一般の消費水準との格差拡大に繋がった。

エンゲル方式（1961〜1964年度） 生活費総額に占める飲食物費比率により生活程度が測定できるという、エンゲルの法則を用いると、飲食物費については必要量を比較的正確に理論計算することができる。栄養審議会の答申に基づく日本人の標準栄養所要量を満たすことができる飲食物費を理論的に計算し、それと同額の飲食物費を支出している低所得世帯を家計調査から抽出し、エンゲル係数（家計に占める飲食物費の割

合）で逆算して、最低生活費の総生活費を算出する方式である。低所得世帯の実態から逆算して保護基準を算出することから「実態生計費方式」、あるいは、飲食物費については物量積み上げ方式で、それ以外の費目は実態から算出することから「半物量方式」ともいう。

　エンゲル方式は、マーケットバスケット方式によって広がった一般の消費水準との格差を是正するために用いられたが、高度経済成長期の中所得や物価が上昇し、一般世帯との消費水準との格差は縮小しないという限界が生じた。そのため、1962年 8 月に社会保障制度審議会が出した「社会保障制度の総合調整に関する基本方策についての答申および社会保障制度の推進に関する勧告」において、生活保護基準と一般国民生活水準との連動、1970年に1961年水準の 3 倍に引き上げる計画立案などを政府に対し要請した。さらに1964年12月、中央社会福祉審議会生活保護専門分科会において、一般国民と低所得者層との消費水準の格差縮小を図るべきとの意見集約がなされた。

格差縮小方式（1965～1983年度）　格差縮小方式は、具体的には、予算編成直前に公表される政府経済見通しの当該年度の民間最終消費支出の伸び率を基礎として、これに格差縮小分を加味して生活扶助水準の改定率を決定するものである。

　これにより、一般世帯と被保護世帯との格差は1964年には47.1％だったのが、1983年には66.4％まで縮小された。

水準均衡方式（1984年度～現在）　水準均衡方式は、1983年12月の中央社会福祉審議会の意見具申において、「総理府家計調査を所得階層別に詳細に分析した結果、現在の生活保護基準は、一般国民の消費実態との均衡上ほぼ妥当な水準に達している」と評価されたこと、および今後における生活扶助基準改定方式について、「生活保護において保障すべき最低生活の水準は、一般国民生活における消費水準との比較における相対的なものとして設定すべきであり、生活扶助基準の改定に当たっては、当該年度に想定される一般国民の消費動向を踏まえると同時に、前年度までの一般国民の消費水準との調整がはかられるよう適切な措置をとることが必要である。」との意見が出されたことを踏まえて導入されたものである。

具体的には、政府経済見通しによる当該年度の民間最終消費支出の伸び率を基礎として、これに前年度までの一般世帯の消費水準や社会経済情勢を総合的に勘案して生活扶助水準を調整する方式である。

　水準均衡方式を採用して以降、一般勤労者世帯と被保護勤労者世帯との格差は60％台後半から70％台後半の間で推移している。

3　近年の生活保護基準の見直し

生活保護制度の在り方に関する専門委員会

2003年6月に出された社会保障審議会報告書において、生活保護制度について、他の社会保障制度との関係や雇用政策との連携などにも留意しつつ、その在り方についてより専門的に検討していく必要性について提言されたことを受けて、2003年7月に、社会保障審議会福祉部会に「生活保護制度の在り方に関する専門委員会」が設置された。この委員会が2004年12月に出した最終報告書では、今後、生活保護基準と一般低所得世帯の消費実態との均衡が適切に図られているか否かを定期的に見極めるため、全国消費実態調査を基に5年に一度の頻度で検証を行うべきであるとの提言を行った。あわせて、この報告書では、多人数世帯の基準の是正、母子加算の見直し、高等学校等就学費の導入なども提言された。

　この報告書を受け、2007年10月には「生活扶助基準に関する検討会」が開催され、2004年の全国消費実態調査を用いて、世帯人員別、年齢階級別、地域差の妥当性の検討が行われた。

生活保護基準部会

2011年4月に、生活保護基準について学識経験者による専門的かつ客観的な検証を行うため、社会保障審議会の常設部会として「生活保護基準部会」が設置された。同部会では、2009年の全国消費実態調査データのうち、年間収入階級の下位10％層の生活扶助相当支出額と生活扶助基準額との比較検証を行い、2013年1月に報告書を出した。その内容は、高齢者世帯を除いた世帯において、参照した年間収入階級下位10％の消費水準の方が生活扶助基準額より下回っているというもので

図表4-1　最低生活保障水準の引き下げ

（1級地-1、月額（円））

	2012年度	2014年度	2016年度	2018年10月
3人世帯（33歳、29歳、4歳）	172,170	165,840	160,110	158,900
高齢者単身世帯（68歳）	80,820	81,760	80,870	79,550
母子世帯（30歳、4歳、2歳）	192,900	192,650	189,870	189,190

※冬季加算、児童養育加算および母子加算を含む
（出典）各年版厚生労働白書、第1回生活保護基準の新たな検証方法の開発等に関する検討会参考資料を基に、筆者作成

あり、生活扶助基準を全体として引き下げる方向性を示した。

生活保護基準の引き下げ　政府は、生活扶助基準については、2013年8月より3年間で最大10％の引き下げを行い、2015年度からは住宅扶助（7月から）・冬季加算（11月から）の引き下げも行った。さらに、2018年10月より、生活扶助基準を3年間でさらに最大5％の引き下げを行った。

　これら一連の引き下げは、生活保護を受けていない低所得者層の消費実態と均衡するように算定されている。しかし、生活保護を受けていない低所得者層には、生活保護基準に満たない収入しかないにもかかわらず、生活保護を受けていない世帯も含まれていることから、これら低所得者層の消費実態は生活保護基準を下回るのは当然といえる。このような算定方法を用い続ければ、生活保護基準は際限なく引き下げられるおそれも否定できない。

　加えて、生活扶助基準の引き下げは、被保護者および要保護者のみに影響するわけではない。住民税の非課税限度額、就学援助制度、国民年金の保険料、障害者総合支援法の利用料など、低所得世帯向けの減免制度は、生活扶助基準と連動して適用基準が定められている。生活扶助基準が引き下げられると、これまで利用できた各種減免制度が利用できなくなる低所得者世帯が発生するおそれがある。また、最低賃金も生活扶助基準と連動しているので、生活扶助基準が引き下げられれば、最低賃金の改定にも影響を与えることになろう。

4 生活保護基準の実際

　生活保護制度において、被保護者の日常生活の需要を満たすため、その需要の様態、性質に応じて生活扶助、教育扶助、住宅扶助、医療扶助、介護扶助、出産扶助、生業扶助および葬祭扶助の8種類に分かれて基準が定められている。この基準は、「**基準及び程度の原則**」に基づき、被保護者の年齢別、世帯構成別、所在地域別などに区分して、厚生労働大臣が定めている。

　生活扶助、住宅扶助および葬祭扶助については、各地域の物価や地価の地域差に応じて、全国の市町村を高い順に1級地から3級地に分類し、さらに生活扶助については、各級地を2区分している。おおむね1級地は大都市およびその周辺市町、2級地は県庁所在地をはじめとする中都市、3級地はその他の市町村となっている。

　生活扶助基準は、衣食その他日常生活の需要を満た

生 活 扶 助 基 準

すために必要な経常的最低生活費を示しており、一般生活費としての基準生活費が基本となる。加えて、特別な需要に対応する経費分としての加算、および臨時的最低生活費（一時扶助）が基準生活費に追加され、勤労に関わる必要経費として勤労控除が考慮される。これらを算定することによって、世帯の生活扶助部分の最低生活費が決定される。

　⑴　**基準生活費**　　（i）　第1類　　飲食物費、被服費など、個人単位で消費する費用について定められた基準であり、年齢別・所在地域別に定められている。また、世帯人員別に逓減率も設定されている。

　（ii）　第2類　　光熱水費、家具什器など、世帯全体の共通経費について定められた基準であり、世帯人員別・所在地域別に定められている。また、冬季（期間は地区により異なる）には、寒冷の度合いによって暖房費の必要額が地域で異なるので、都道府県を単位とした地域別に**冬季加算**が設定されている。

　⑵　**加　算**　　上記の基準生活費に加えて、特別の需要のある者に対して、これら需要のない者と生活水準を同じくするための保障制度として設けられている。加算には、妊産婦、障害者、介護施設入所者、在宅患者、放射線障害

者、児童養育、介護保険料、母子の8種類がある。

(3)　**居宅外の被保護者の生活費**　　生活扶助は居宅で行われることを原則とするが、居宅保護が難しい事情がある場合は、保護施設で生活することになる。この場合には、入所保護基準が適用される。その際、扶助が金銭として本人に渡される代わりに食事や日常生活に必要な物が現物で支給されることがある。また、1ヶ月以上入院する者に対しては、上記基準生活費の代わりに入院患者日用品費が、介護施設入所者に対しては、介護施設入所者基本生活費がそれぞれ支給される。

(4)　**一時扶助**　　一時扶助は、最低生活費に必要不可欠な物資を欠いていると認められる場合であって、それらの物を支給しなければならない緊急やむを得ない場合に限って支給される。具体的には、出生、入学、入退院による臨時的な特別需要、日常生活の用を弁ずることのできない長期療養者について臨時的に生じた特別需要、新たに保護開始する際等に最低生活の基盤となる物資を欠いている場合の特別需要、の3つのケースが該当する。具体的には、被服費、家具什器費、移送費、入学準備金、就労活動促進費、配電設備費、水道・井戸・下水道設備費、液化石油ガス設備費、家財保管料、家財処分料、妊婦定期健診料、不動産鑑定費用等、除雪費がある。

また、毎年12月には、期末一時扶助が支給される。

教育扶助基準　　教育扶助基準は、義務教育である小中学校において行われる教育を受けるときの基準で、学用品などについての基準額のほか、教材費、学校給食費、通学のための交通費、学習支援費（学習参考書の購入費、課外クラブ活動費）がある。

住宅扶助基準　　住宅扶助基準は、住居（家賃、間代、地代など）、補修その他住宅の維持のために必要なものの費用である。家賃等については級地別に基準額が定められているが、実際の家賃等が基準額を超える場合で、世帯員の状況や当該地域の住宅事情によりやむを得ないと認められるものについては、都道府県（政令指定都市・中核市）別、級地別、世帯人員別、床面積別（1人世帯の場合）に厚生労働大臣が定める限度額の範囲内で住宅扶助が行われる。さらにこの限度額によりがたい家賃等であって、世

帯員の状況、当該地域の住宅事情によりやむを得ないと認められるものについては、都道府県（政令指定都市・中核市）別、級地別、世帯人員別に厚生労働大臣が定める特別基準額の範囲内で必要な額を認定して差し支えない、とされている（詳細は第5章1を参照）。

医療扶助基準は、指定医療機関等において診療を受ける場合の費用、薬剤または治療材料にかかる費用、施術のための費用、移送費からなる。基本的には国民健康保険と同一の内容および水準である（詳細は第5章2を参照）。

介護扶助基準は、指定介護機関において居宅介護、福祉用具、住宅改修、施設介護にかかる費用および移送費からなる。内容は介護保険の保険給付、介護予防・日常生活支援と同一である（詳細は第5章3を参照）。

出産扶助基準は、出産の際に必要な費用であり、居宅分娩および施設分娩に必要とする費用について基準額（分娩料、検査料）が定められている。このほか、病院や助産所等の施設での分娩、衛生材料等を必要とする場合には、一定の額の範囲内で加算がある。

生業扶助基準は、生計の維持を目的とする小規模事業に必要な器具、資金について支給される生業費、生計の維持に役立つ職業に就くために必要な技能を修得する期間中に支給される技能習得費、就職のため直接必要とする洋服類などの購入費用を支給する就職支度費からなる。

　高等学校等に就学し卒業することが当該世帯の自立助長に効果的であると認められる場合、技能習得費として**高等学校等就学費**が支給される。内容は基本額のほか、教材代、授業料、入学料および入学考査料、通学のための交通費、学習支援費からなる。

葬祭扶助基準は、葬祭を行うための扶助で、遺体の検案、死体の運搬、火葬または埋葬、納骨その他葬祭のために必要なものの費用である。基準額は級地別に定められるが、葬祭費用が基準を超える場合は加算が認められる。

| 勤　労　控　除 |

勤労に伴う収入を得ている者は、働いていない者に比べて特別の需要があるが、しかし、保護の補足性の原理を厳格に適用し、勤労収入をそのまま保護費から差し引かれたら、勤労する意欲を失ってしまいかねない。そこで、勤労収入を得ている者について、その収入から一定額を控除することにより、必要経費として手元に残る金額を増やし、勤労意欲の増進と自立の助長を図ることを目的とするものである。

　内容は、上記の目的で行う基礎控除のほか、中学校や高等学校を卒業して初めて継続性のある職業に就いた者に対して6ヶ月間に限り行う新規就労控除、20歳未満の者が勤労収入を得ている場合に行う未成年者控除がある。

　最低生活保護水準の算定は、図表4-2のとおりである。

5　保護の要否と程度

| 最 低 生 活 費 と 収 入 認 定 額 |

上記の各扶助基準を用いて、個々の要保護世帯に応じて、必要な扶助基準を積み上げて**最低生活費**が算定される。この最低生活費とその世帯の収入のうち最低生活費に充当する額を比較することで、保護の要否が決定される。

　ここでいう収入とは、勤労収入、年金などの社会保険や児童手当などの他の法律によって支給される金銭、親族からの援助、預貯金、資産を売却して得た収入など、世帯の収入全部を合計したものである。なお、冠婚葬祭の場合の祝儀や香典料、社会福祉団体から臨時的に受けた慈善的性質をもつ金銭、地方公共団体から障害者・高齢者等の福祉増進のため条例に基づき定期的に支給される金銭のうち一定額以内の額については収入として取り扱わない。さらに、勤労収入がある場合は、世帯全体の収入から上記の勤労控除分を差し引いて、**収入認定額**が算定される。

| 要否判定と程度の決定 |

生活保護は「**保護の補足性の原理**」（生活保護法4条、第3章4を参照）に基づいて、利用しうる資産や能力などを活用してもなお最低限度の生活が維持できない場合に初めて保護が行われる。保護の実施にあたって、保護が必要かどうかの判定を**要否判定**とい

73

図表 4 - 2　生活保護制度における生活扶助基準額の算出方法（2018年10月）

【 最低生活費＝A＋B＋C＋D＋E＋F 】

年齢	生活扶助基準（第1類）											
	基準額①						基準額②					
	1級地-1	1級地-2	2級地-1	2級地-2	3級地-1	3級地-2	1級地-1	1級地-2	2級地-1	2級地-2	3級地-1	3級地-2
0〜2	21,510	20,540	19,570	18,600	17,640	16,670	26,660	25,520	24,100	23,540	22,490	21,550
3〜5	27,110	25,890	24,680	23,450	22,240	21,010	29,970	28,690	27,090	26,470	25,290	24,220
6〜11	35,060	33,480	31,900	30,320	28,750	27,170	34,390	32,920	31,090	30,360	29,010	27,790
12〜17	43,300	41,360	39,400	37,460	35,510	33,560	39,170	37,500	35,410	34,580	33,040	31,650
18〜19	43,300	41,360	39,400	37,460	35,510	33,560	39,170	37,500	35,410	34,580	33,040	31,650
20〜40	41,440	39,580	37,710	35,840	33,980	32,120	38,430	36,790	34,740	33,930	32,420	31,060
41〜59	39,290	37,520	35,750	33,990	32,220	30,450	39,360	37,670	35,570	34,740	33,210	31,810
60〜64	37,150	35,480	33,800	32,140	30,460	28,790	38,990	37,320	35,230	34,420	32,890	31,510
65〜69	37,150	35,480	33,800	32,140	30,460	28,790	38,990	37,320	35,230	34,420	32,890	31,510
70〜74	33,280	32,020	30,280	29,120	27,290	26,250	33,830	32,380	30,580	29,870	28,540	27,340
75〜	33,280	32,020	30,280	29,120	27,290	26,250	33,830	32,380	30,580	29,870	28,540	27,340

人員	逓減率①						逓減率②					
	1級地-1	1級地-2	2級地-1	2級地-2	3級地-1	3級地-2	1級地-1	1級地-2	2級地-1	2級地-2	3級地-1	3級地-2
1人	1.0000	1.0000	1.0000	1.0000	1.0000	1.0000	1.0000	1.0000	1.0000	1.0000	1.0000	1.0000
2人	1.0000	1.0000	1.0000	1.0000	1.0000	1.0000	0.8850	0.8850	0.8850	0.8850	0.8850	0.8850
3人	1.0000	1.0000	1.0000	1.0000	1.0000	1.0000	0.8350	0.8350	0.8350	0.8350	0.8350	0.8350
4人	0.9500	0.9500	0.9500	0.9500	0.9500	0.9500	0.7675	0.7675	0.7675	0.7675	0.7675	0.7675
5人	0.9000	0.9000	0.9000	0.9000	0.9000	0.9000	0.7140	0.7140	0.7140	0.7140	0.7140	0.7140

人員	生活扶助基準（第2類）											
	基準額①						基準額②					
	1級地-1	1級地-2	2級地-1	2級地-2	3級地-1	3級地-2	1級地-1	1級地-2	2級地-1	2級地-2	3級地-1	3級地-2
1人	44,690	42,680	40,670	38,660	36,640	34,640	40,800	39,050	36,880	36,030	34,420	32,970
2人	49,460	47,240	45,010	42,790	40,560	38,330	50,180	48,030	45,360	44,310	42,340	40,550
3人	54,840	52,370	49,900	47,440	44,970	42,500	59,170	56,630	53,480	52,230	49,920	47,810
4人	56,760	54,210	51,660	49,090	46,540	43,990	61,620	58,970	55,690	54,390	51,970	49,780
5人	57,210	54,660	52,070	49,510	46,910	44,360	65,690	62,880	57,990	55,420	53,090	

※ 冬季には地区別に冬季加算が別途計上される。札幌市の例：4人世帯の場合は月額

生活扶助基準（第1類＋第2類）①	生活扶助基準（第1類＋第2類）②

※ 各居宅世帯員の第1類基準額を合計し、世帯人員に応じた逓減率を乗じ、世帯人員に応じ

生活扶助本体に係る経過的加算（別表）

生活扶助基準（第1類＋第2類）②の3分の2　＋　（生活扶助基準（第1類＋第2類）③＋生活扶

※「生活扶助基準（第1類＋第2類）②」が「生活扶助基準（第1類＋第2類）①×0.9」より少ない場合は、「生活扶助基準（第1類＋第

※「生活扶助基準（第1類＋第2類）③」が「生活扶助基準（第1類＋第2類）①×0.855」より少ない場合は、「生活扶助基準（第1類＋

（単位：円／月額）

基準額③

1級地-1	1級地-2	2級地-1	2級地-2	3級地-1	3級地-2
44,010	42,730	40,620	40,620	37,810	36,430
44,010	42,730	40,620	40,620	37,810	36,430
45,010	43,700	41,550	41,550	38,670	37,250
47,090	45,710	43,460	43,460	40,460	38,970
46,760	45,390	43,160	43,160	40,170	38,700
46,760	45,390	43,160	43,160	40,170	38,700
46,760	45,390	43,160	43,160	40,170	38,700
46,760	45,390	43,160	43,160	40,170	38,700
44,700	43,390	41,260	41,260	38,410	36,990
44,700	43,390	41,260	41,260	38,410	36,990
40,350	39,180	37,250	37,250	34,670	33,400

逓減率③

1級地-1	1級地-2	2級地-1	2級地-2	3級地-1	3級地-2
1.0000	1.0000	1.0000	1.0000	1.0000	1.0000
0.8548	0.8548	0.8548	0.8548	0.8548	0.8548
0.7151	0.7151	0.7151	0.7151	0.7151	0.7151
0.6010	0.6010	0.6010	0.6010	0.6010	0.6010
0.5683	0.5683	0.5683	0.5683	0.5683	0.5683

基準額③

1級地-1	1級地-2	2級地-1	2級地-2	3級地-1	3級地-2
28,490	27,300	27,300	27,300	27,300	27,300
41,830	40,090	40,090	40,090	40,090	40,090
46,410	44,480	44,480	44,480	44,480	44,480
48,400	46,390	46,390	46,390	46,390	46,390
48,430	46,420	46,420	46,420	46,420	46,420

21,850円(10月～翌4月)

生活扶助基準（第1類＋第2類）③

た第2類基準額を加える。

生活扶助本体に係る経過的加算（別表）

助本体における経過的加算）の3分の1 【A】

2類)①×0.9」に読み替える。
第2類)①×0.855」に読み替える。

加算額 【B】

	1級地	2級地	3級地
障害者			
身体障害者障害程度等級表1・2級に該当する者等	26,310	24,470	22,630
身体障害者障害程度等級表3級に該当する者等	17,530	16,310	15,090
母子世帯等			
児童1人の場合	21,400	19,800	18,400
児童2人の場合	24,200	22,400	20,800
3人以上の児童1人につき加える額	1,600	1,500	1,400
児童を養育する場合			
3歳未満の場合	13,300（児童1人につき）		
3歳以上18歳までの場合	10,000（児童1人につき）		
第3子以降の小学校修了前の場合	13,300（児童1人につき）		

①該当者がいるときだけ、その分を加える。
②入院患者、施設入所者は金額が異なる場合がある。
③このほか、「妊産婦」などがいる場合は、別途妊産婦加算等がある
④児童とは、18歳になる日以後の最初の3月31日までの者。
⑤障害者加算と母子加算は併給できない。

※　一定の要件を満たす「母子世帯等」及び「児童を養育する場合」には、
　別途経過的加算(別表)がある。

住宅扶助基準 【C】

	1級地	2級地	3級地
実際に支払っている家賃・地代	53,700	45,000	40,900

※ 東京都の例（単身の場合）。基準額の範囲内で実費相当が支給される。

教育扶助基準、高等学校等就学費 【D】

	小学生	中学生	高校生
基準額	2,600	5,000	5,200

※ このほか必要に応じ、教材費・クラブ活動費・入学金(高校生の場合)などの
　実費が計上される。

介護扶助基準 【E】

居宅介護等にかかった介護費の平均月額

医療扶助基準 【F】

診療等にかかった医療費の平均月額

最低生活費認定額

※　このほか、出産、葬祭などがある場合は、それらの経費の一定額がさらに
　加えられる。

（1）生活扶助本体に係る経過的加算　　　　　　　　　　　　　　　　　　　（単位：円／月額）

年齢	単身世帯					
	1級地-1	1級地-2	2級地-1	2級地-2	3級地-1	3級地-2
0～2	0	0	0	0	0	0
3～5	0	0	0	0	0	0
6～11	0	0	0	0	0	0
12～17	400	0	0	0	0	0
18～19	730	100	0	0	0	0
20～40	100	0	0	0	0	0
41～59	910	200	0	0	0	0
60～64	560	0	0	0	0	0
65～69	2,620	1,870	0	0	0	0
70～74	0	0	0	0	0	0
75～	2,060	1,380	0	0	0	0

年齢	2人世帯					
	1級地-1	1級地-2	2級地-1	2級地-2	3級地-1	3級地-2
0～2	0	0	0	0	0	0
3～5	0	0	0	0	0	0
6～11	0	0	0	0	0	0
12～17	0	0	0	0	0	0
18～19	0	0	0	0	0	0
20～40	0	0	0	0	0	0
41～59	0	0	0	0	0	0
60～64	0	0	0	0	0	0
65～69	0	0	0	0	0	0
70～74	0	0	0	0	0	0
75～	0	0	0	0	0	0

年齢	3人世帯					
	1級地-1	1級地-2	2級地-1	2級地-2	3級地-1	3級地-2
0～2	0	0	0	0	0	0
3～5	0	0	0	0	0	0
6～11	0	0	0	0	0	0
12～17	0	0	0	0	0	0
18～19	0	0	0	0	0	0
20～40	0	0	0	0	0	0
41～59	1,050	530	0	0	0	0
60～64	920	450	0	0	0	0
65～69	2,240	1,690	560	0	0	0
70～74	0	0	0	0	0	0
75～	1,250	780	0	0	0	0

年齢	4人世帯					
	1級地-1	1級地-2	2級地-1	2級地-2	3級地-1	3級地-2
0～2	4,460	3,500	1,090	0	0	0
3～5	2,330	2,310	1,890	0	0	0
6～11	0	0	0	0	0	0
12～17	0	0	0	0	0	0
18～19	0	0	0	0	0	0
20～40	0	0	0	0	0	0
41～59	0	0	0	480	820	180
60～64	760	820	420	1,080	820	0
65～69	760	820	420	1,420	1,640	990
70～74	140	100	0	0	0	0
75～	140	100	0	560	730	110

年齢	5人世帯					
	1級地-1	1級地-2	2級地-1	2級地-2	3級地-1	3級地-2
0～2	4,230	4,080	3,640	0	0	0
3～5	2,170	2,110	1,740	0	0	0
6～11	0	0	0	0	0	0
12～17	0	0	0	0	0	0
18～19	0	0	0	0	0	0
20～40	0	0	0	0	0	0
41～59	0	0	0	0	590	410
60～64	560	620	270	1,170	1,380	400
65～69	560	620	270	1,170	1,400	1,230
70～74	100	0	0	400	170	0
75～	100	0	0	410	870	420

①世帯構成に合わせて、世帯員の該当する年齢別・級地別の加算額を加える。

②世帯構成には、入院患者、施設入所者は世帯人員数に含めない上で、加算もしない。

（出典）厚生労働省ホームページ「生活扶助基準額について」

(2)「母子世帯等」に係る経過的加算

○　3人以上の世帯であって、児童が1人のみの場合

	1級地-1	1級地-2	2級地-1	2級地-2	3級地-1	3級地-2
3人世帯						
0歳以上5歳までの場合	1,090	1,090	0	0	0	0
6歳以上11歳までの場合	1,090	1,090	1,050	0	0	0
12歳以上14歳までの場合	1,090	1,090	1,050	910	580	0
15歳以上17歳までの場合	0	0	0	0	0	0
18歳以上20歳未満の場合	1,090	1,090	1,050	910	580	0
4人世帯						
0歳以上2歳までの場合	1,090	1,090	1,050	1,050	950	0
3歳以上14歳までの場合	1,090	1,090	1,050	1,050	950	950
15歳以上17歳までの場合	0	0	0	0	0	0
18歳以上20歳未満の場合	1,090	1,090	1,050	1,050	950	950
5人世帯以上						
0歳以上14歳までの場合	1,090	1,090	1,050	1,050	950	950
15歳以上17歳までの場合	0	0	0	0	0	0
18歳以上20歳未満の場合	1,090	1,090	1,050	1,050	950	950

①該当者がいるときだけ、その分を加える。

※このほか児童が入院している等の一定の要件を満たす場合にも、別途加算される。

(3)「児童を養育する場合」に係る経過的加算

3人以下の世帯であって、3歳未満の児童が入院している等の場合	
3歳未満の場合	950（児童1人につき）
4人世帯以上	
3歳未満の児童がいる場合	950（児童1人につき）
第3子以降の「3歳から小学生修了前」の児童がいる場合	950（児童1人につき）

①該当者がいるときだけ、その分を加える。

図表 4-3　支給される保護費

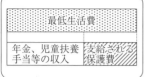

収入としては、就労による収入、年金等社会保障給付、親族による援助等を認定します。

（出典）厚生労働省ホームページ「生活保護制度」

い、同時にどの程度の保護を必要とするかの決定が行われるが、これを保護の**程度の決定**という。要否判定の結果、収入認定額が最低生活費に満たない場合は、「要保護」と判定され、次に保護の程度の決定において、最低生活費との差額を保護費として要保護世帯に支給する。

コラム 4-1　生活保護世帯は、スマホを購入できるのか？

　生活保護世帯が現に保有している生活用品については、処分価値が小さいもの、および当該世帯の人員、構成等からして利用の必要があり、かつ、その保有を認めても当該地域の一般世帯との均衡を失することにならないと認められるもの（当該地域における普及率が70％程度のもの）は保有を認めている。よって、生活保護世帯については、世帯普及率がほぼ100％である冷蔵庫やテレビはもちろん、現在では世帯保有率が70％を超えているスマートフォンを保有することも認められている。ただ、毎月の通信費や機種変更の際の端末の費用については、月々支給される生活扶助費の中で、やりくりしていかなければならない。

　そのほか、エアコンについても、上記の要件に該当すれば保有が認められるが、世帯保有率が1世帯当たりほぼ1台である自動車については、障害のある者あるいは公共交通機関の利用が著しく困難な地域に住んでいる者が通勤・通学・通院に使用する目的で保有する場合を除き、生活保護世帯の保有、使用は認められない（自動車の保有を理由とする、障害のある要保護者に対する保護廃止、申請却下処分の適法性が争われた佐藤訴訟については第12章を参照）。

78

第 **5** 章

生活保護と住宅・医療・介護

1　住宅扶助

住宅扶助は、生活扶助とならぶ中心的な種類の扶助である。国費ベースでみると、2019年度保護費予算額では、全体 2 兆8508億円のうち、生活扶助が8423億円（29.5%）、住宅扶助が4726億円（16.6%）を占める（仮に医療扶助を度外視して、その他 7 つの扶助における生活扶助および住宅扶助のシェア（占有率）をみると、92.7%となり、予算上、他の扶助を圧倒している）。この住宅扶助に、地方負担分（ 4 分の 1 ）を単純計算して足し合わせると、 1 年間で6300億円が住宅扶助として支出されていることになる。このことからも、国民の最低限度の「住」生活を直接支える金銭給付としての住宅扶助の重要性がうかがえる。

住宅扶助の制度の枠組み　住宅扶助は、困窮のため最低限度の生活を維持することのできない者に対して、①住居、②補修その他住宅の維持のために必要なもの、という事項の範囲内において行われる（法14条参照）。また住宅扶助は、金銭給付によって行われるのが原則である（法33条 1 項本文）。例外的に現物給付による場合、宿所提供施設を利用させるか、あるいは宿所提供施設に委託して行われる（法33条 1 項但書、同条 2 項）。なお宿所提供施設とは、保護施設の 1 種類であり（法38条 1 項 5 号）、現状、全国で10ヶ所（定員780名（在所者348名））存在する。ちなみに宿所提供施設は、保護施設の中では最も数が少ない（厚生労働省「平成29年社会福祉施設等調査」）。住宅扶助のための保護金品は、原則として、世帯主またはこれに準ずる者に対して交付され

るが（法33条4項）、いわゆる代理納付の特例が適用される場合がある（法37条の2、施行令3条）。

住宅扶助の基準額 こうした法律上の枠組みを受けて、実際の保護基準（住宅扶助基準）として、経常的な給付に関する基準（「家賃、間代、地代等の額（月額）」）と、一時的な給付に関する基準（「補修費等住宅維持費の額（年額）」）とに分けて、金額等が定められている（ただし敷金や契約更新料は、支給自体は一時的にのみ行われるものの、実施要領上は前者に整理されている）。

住宅扶助では、他の扶助と同様、告示の下に、次官通知、局長通知、課長通知がぶら下がっており、とりわけ局長通知が詳細な行政解釈基準を提供している。

2019年度の基準（告示別表第3　住宅扶助基準）では、基準額として、家賃、間代、地代等の額（月額）が1級地および2級地では、1万3000円以内、3級地では8000円以内とされている。このほか、補修費等住宅維持費の額（年額）が12万2000円以内とされている。

また、家賃、間代、地代等については、その費用が上記の額を超えるときは、都道府県又は地方自治法（昭和22年法律第67号）252条の19第1項の指定都市（以下「指定都市」という。）若しくは同法252条の22第1項の中核市（以下「中核市」という。）ごとに、厚生労働大臣が別に定める額の範囲内の額とする、とされている。

一般基準限度額 局長通知第7-4-（1）アによると、住宅扶助のうち、「家賃、間代、地代等」は、居住する住居が借家もしくは借間であって家賃、間代等を必要とする場合に、または居住する住居が自己の所有に属しかつ住居の所在する土地に地代等を要する場合に、それぞれ認定される。上記の告示別表第3の1に示されている1万3000円ないし8000円という額（一般基準）は、実はほぼ四半世紀にわたって変化がない。換言すると、この間の家賃や地代の実勢が必ずしも基準に反映されているわけではないことになる。

この点で、確かに田舎の土地が安いところでは、現在でも地代はこのくらい

というところもないわけではないが、しかし常識的な家賃は、都市部であれ農村部であれ、とてもこの金額には収まらないであろう。そこで告示別表第3の2において、上記費用を超える場合、厚生労働大臣が都道府県等ごとに別に額を定めることになっており（一般基準限度額）、そしてさらに実際の家賃等がこの一般基準限度額をも超える場合は、局長通知第7-4-（1）オにより、世帯人員別の額（特別基準）が発せられることになっている。制度上の対応は以上である。

　住宅扶助基準の一例を挙げると、例えば、東京都の1級地の場合、世帯人員1人の場合5万3700円、2人の場合6万4000円、3〜5人の場合6万9800円等、世帯人員別に定められている。この金額は、都道府県、指定都市、中核市ごとに定められており、例えば北海道の1級地では、世帯人員1人の場合2万9000円、2人の場合3万5000円、3〜5人の場合3万7000円とされ、指定都市の札幌市では、世帯人員1人の場合3万6000円、2人の場合4万3000円、3〜5人の場合4万6000円とされている（2019年10月現在）。

　なお、上記の基準とは別に、床面積別の基準も示されている。これは、狭小な住居に複数人を居住させて保護費を搾取する（いわゆるピンハネ＝受給者から様々な名目で保護費を徴収し、本人にはほとんど手元に残させないような施設等が存在しており、対応が社会的な課題となっている）ような、いわゆる**貧困ビジネス**対策として導入されたものである。

　例えば、政令指定都市の札幌市の場合、11〜15㎡の場合3万2000円、7〜10㎡の場合2万9000円、6㎡以下の場合2万5000円とされている。

住宅扶助の運用　住宅扶助は生活扶助等とともに、要否判定に用いられる最低生活費を構成している。その際、最低生活費に計上される金額は実際にはどうなるかというと、例えば生活扶助の場合、告示された1類費と2類費および加算が、世帯の構成等に従いつつ、やや複雑な計算を経てそのまま積み上げに回されるのに対して、住宅扶助は、基準額に掲げられている金額がそのまま積み上げられるのではなく、これらの金額の範囲内で、実際の家賃が計上される（「＊＊円以内」という表現に注意してほしい）。

　どういうことかというと、仮に年齢や家族構成が同じであるA世帯とB世

81

帯があったとすると、生活扶助は両世帯で必ず同じ金額になる（これも考えて
みれば不思議である。というのも生活扶助でカバーされる食費や被服費、交通費など
は、実際には各世帯で異なるはずであるにもかかわらず、こうした違いは生活扶助では
度外視され、固定の金額がそのまま基準どおりに計上されるのである）。これに対し
て、もしＡ世帯もＢ世帯も単身で札幌市に在住しているとして、Ａ世帯の家
賃が３万円、Ｂ世帯の家賃が４万円だとすると、Ａ世帯は、実際の家賃である
３万円が、反対にＢ世帯は基準の上限（この場合は特別基準）の３万6000円が、
それぞれの最低生活費として積み上げられるのである。

　そうなると、Ａ世帯としては実際の家賃が全額最低生活費に反映されるの
で問題はないが（この点も、基準どおりの３万6000円でないのはなぜなのか、よく考
えてほしい）、Ｂ世帯は実際の家賃である４万円ではなく上限アッパーの３万
6000円までしか最低生活費に反映されない。そうなると、このＢ世帯の場
合、残る4000円は、生活扶助等から捻出しなければならなくなる。

　実際の保護の運用では、このような生活扶助等への食い込みを回避するた
め、家賃が基準を上回る保護申請者に対しては、基準家賃以内の住居への転居
を指導することになっている。ただし転居を完了させてからでなければ保護の
申請を受け付けないというような誤った運用が一部でみられるが、違法である
（ホームレスに対してもかつては差別的運用が一般的であり、多くの自治体では、住所
や住民票がないと申請を受け付けていなかった）。また、そもそもこうした実施機
関からの指導は保護申請者に転居を義務づける性格のものではないため、保護
適用後も基準超過の家賃の住居に住み続けるケースも少なくない。

　なお、保護受給者が持ち家に住んでいる場合は、整理が複雑である。持ち
家・持ち土地で、費用支払いがすべて済んでいる場合は、生活保護を申請する
と、資産活用を求められる可能性や、リバースモーゲージに誘導される可能性
が一方ではあり、そこまでの資産価値がなければ、住宅に対する費用が発生し
ないものとして、住宅扶助は基本的には適用されない。持ち家だが地代がかか
る場合、家賃等と同様に住宅扶助一般基準等が適用され、すなわち必要額が基
準上限以内で最低生活費に反映される。住宅部分についてローンが完済してい
ない場合、これらとは逆に、ローン付き住宅保有者からの保護申請として、保

護費からローンの返済を行うことになるという理由で、保護は適用しないというのが行政側の解釈である。この点は、公費で私有財産を形成してはならないという国の考え方がストレートにあてはめられているが、住宅扶助の多くが、家賃の支払先が民間賃貸オーナーであることを考えると、あまり説得的とはいいがたいかもしれない。学資保険加入の取り扱いも参考に、返済額が少額であることや完済までの期間頭を総合勘案するなど柔軟な扱いの可能性も探るべきである。

住宅扶助の課題　このように、住宅扶助では事実上、一般基準にかわって限度額や特別基準が機能しているといっても、これらの基準自体に上限が附せられていることから、家賃の基準超過部分が生活扶助等に食い込むという現象は常に発生しうる。小山が住宅扶助創設の動機として語った食い込みの解消は（小山進次郎『生活保護法の解釈と運用〔改定増補版〕』（全国社会福祉協議会、1975年）233頁）、確かに特別基準の多様化が進んではきたものの、完全には解決されないでいる。この点は、必要即応の原則（法9条）が保護基準や実際の行政運用では表現し切れていないという、生活保護全体の課題ともかかわる論点だといえる。

　さらに、この問題を別の角度からみると、一般基準や貧困ビジネス対策はひとまずおくとして、実質的に機能している一般基準限度額や特別基準が、「なぜ」その金額なのか、その金額で健康で文化的な最低限度の生活を住宅において実現できると考える実質的な根拠は何なのかが問われているということでもある。加算を含む生活扶助についても同じことがいえるが、例えば衣食にかかる費用を念頭に置くと、生活保護を受給するようになった場合、いずれにしても生活扶助の枠内でしか生活はできないので、自然に消費は支給された扶助額の水準に落ちる。他方、住宅扶助のアッパーが適用されたところで、実際の家賃がそれにあわせて収縮するわけではないのであるから、その限りで、基準上限の持つ意味はより大きくなる。（2013年の生活扶助基準の「見直し」に続けて）2015年7月には住宅扶助基準の「見直し」があり、一部で基準が上昇した地域もあったが、都市部の複数人からなる世帯（とりわけ2人世帯）を中心に、実際には基準が引き下げられた。引き下げ前の基準の適用にかかる経過措置も一定

の範囲で適用されたものの（平成27年10月19日埼玉県知事裁決（公的扶助研究240号38頁）参照）、保護受給者の側にはまったく責任のない理由で上限が引き下げられ、生活扶助等への食い込みが拡大した世帯も少なくない。それだけに、そもそも家賃の実勢を行政としてどのように統計的に把握・理解し、各都道府県や政令指定都市等において基準額にどのような計算式で反映しているのか、算出の根拠はきちんと説明されなければならないであろう。

　いずれにしても、実際の家賃と住宅扶助の基準との差が著しいケースはそう多くない。これに関して、基準超過を理由とする転居指導がしばしばみられるが、実際の生活を念頭に置くと、無理な転居は、子どもの転校など、保護申請者の生活を大きく混乱させ、自立を阻害する可能性もある。より柔軟な取り扱いが求められる。

　以上の点に加えて、ホームレスのように住宅に直接困窮している場合を念頭に、この間、敷金支給の可能性が実施要領上拡大され、あるいは保護世帯からの大学進学者について住宅扶助の減額取り扱いの廃止など、少しずつではあるものの、住宅扶助の機能の前進がみられるが、保護受給者の最低生活を保障すると同時に自立を支援する意味でも、住宅扶助の積極的な活用が望まれる。その際、家賃の金額だけに意識を集中させるのではなく、居住水準全体の保障や向上という視点が今後は特に重要である。

2　医療扶助

　医療扶助の規模　医療扶助は、少なくともそのボリュームに関する限り、生活保護で最大の存在感を有する扶助である（2019年度保護予算額において、医療扶助は全体の50.3％（金額にして1兆4327億円）を占めている）。国民皆保険を柱とするわが国の医療保障システムにおける重大な例外でもある医療扶助は、国民ワイドでの医療保障の最後の砦という意味でも、その重要性を見逃されてはならない（対国民医療費で生活保護法による割合は4.2％（2016年度））。

医療扶助の制度の枠組み　医療扶助は、困窮のため最低限度の生活を維持することのできない者に対して、①診察、②薬剤または治療材料、③医学的処置、手術およびその他の治療並びに施術、④居宅における療養上の管理およびその療養に伴う世話その他の看護、⑤病院または診療所への入院およびその療養に伴う世話その他の看護、⑥移送、という事項の範囲内において行われる（法15条参照）。

　医療扶助は、原則として現物給付である（法34条1項本文）。医療扶助は主として指定医療機関を通じて給付され（法34条2項、法49条）、その際の診療方針および診療報酬は国民健康保険の例による（法52条1項）。したがって、一般の医療保険と生活保護による医療扶助とで医療の内容に基本的には差はないことになっている。ただし、平成30年6月8日法律第44号による改正により、いわゆるジェネリック医薬品（後発医薬品）の使用促進についての規定（法34条3項）が、それまでの「被保護者に対し、可能な限り後発医薬品の使用を促すことによりその給付を行うよう努める」から、「原則として、後発医薬品によりその給付を行う」に改められた（2018年10月1日施行）。このことは医療費の増大抑制（ジェネリック医薬品は値段が低いので）をねらいとしているが、医療保険ではこのような「原則」は今のところ存在しないため、なぜ最低生活保障の場面においてのみジェネリック医薬品使用が原則となるのか、医療保障における差別ではないか、といった点で、合理性が問題となる可能性がある。

医療扶助の運用　保護の種類に挙げられる8つの扶助は、要保護者の必要に応じ単給または併給されると法律には書かれているが（法11条2項）、実際には多くの場合、併給の扱いしかない（というより、例えば「住宅扶助だけを支給してほしい」というような申請は実務上受け付けられていない）。

　しかしながら、医療扶助は単給されることがままみられる。このような現象は、1つには要否判定の構造が関係している。すなわち、最低生活費の認定において、医療扶助は最後に積み上げられる。例えば、生活扶助、住宅扶助、医療扶助（＝正確には医療費の平均月額）を合算して、収入認定と対比したときに、収入では医療費をカバーしきれない場合に、医療扶助の単給となる（医療費を

要しない世帯で、生活扶助と住宅扶助を足し併せて収入がそれより少し足りない場合も、理屈のうえでは住宅扶助が単給されているはずだが、一般には単給には含められない）。これはどちらかというと見かけ上の理由で単給になる場合であるが、実質的理由として、もう一つには、要医療状態になったことが保護の入り口になるケースがわが国では非常に多いことが挙げられる。

　1990年代までは保護開始理由の第1位は傷病であり、2000年代以降も第2位にとどまっている。言い換えると、医療扶助が生活保護へのアクセスを実際上可能にしているという実態がある。緊急性の問題もあって急迫保護として医療扶助がまず適用される場合は相変わらず多い。そしてこれらは単給として処理されることが多いのである（医療扶助のみ、医療扶助プラス日用品費、というような組み合わせになる）。

　医療扶助は、実施要領においてその実施方式が詳細に定められている（医療扶助運営要領）。その際の基本的な仕組みに、「医療券」がある。保護受給者は、原則として、事前に実施機関（福祉事務所）に対して医療扶助の開始申請をし、実施機関が開始決定をすると医療券が発行される。この医療券を指定医療機関に持参することで、現物給付としての医療扶助が行われる診療の都度、医療券の発行手続きが必要となる。

医療扶助の課題

医療扶助は、その巨大さゆえに、何かと議論を呼んでいる。その1つが、制度の濫用に対する懸念であり、数次の法改正を経てジェネリック医薬品の使用促進・原則化が盛り込まれるなど、費用の引き締めや適正化の側面がしばしば強調されている。

　しかし単純な適正化だけでは、問題の本質を捉えることにはならない。というのも、一般的に保護申請者・保護受給者は医療に対するニーズが高く、とりわけ保護受給者の約半数を占める高齢者は、その年齢ゆえに要医療度がそもそも高いからである。また比較的若い世代においても、上述のように医療扶助が生活保護適用への入り口になるケースも少なくない。こうした構造上の問題があるにもかかわらず、医療扶助を無理に引き締めても、健康状態の改善どころか悪化を招くだけであり、自立に向けた支援にとって有害な結果しかもたらさないのではないだろうか。

　問題はむしろ、医療扶助を正しく運用することであろう。実際、少なくない実施機関で、医療扶助の範囲に含まれるはずの移送費（生活扶助の移送とは区別してほしい。例えばハローワークへの交通費などは生活扶助による移送の守備範囲となる）をきちんと支給していないと思われる事例が、審査請求や裁判を通じて明らかになっている。

　移送費については、かつての北海道滝川市の巨額の不正受給事件への政策的反応という文脈もあって、通院移送費を実質的に制限する趣旨とも解される通知が厚生労働省より発出され（平成20年4月1日社援発第041005号厚生労働省社会・援護局長通知）、さらにその2年後に支給制限を撤廃する改正通知（平成22年3月12日社援発第031201号厚生労働省社会・援護局長通知）が出るというような曲折を経て、現在に至っている。実施要領においても、移送費にかかる記述量が年々増加しており、支給基準が厳格化されてきているのは事実である。しかしながら、例えば奈良市のあるケース（奈良地判平30・3・27（賃金と社会保障1711・1712号57頁））では、少なくとも事実経過に関する限り、通院移送費が一切支給されていないようであり、それ自体、不当・違法の疑いがある。不支給に見舞われている保護受給者は、通院費をおそらく生活扶助から捻出しているはずであり、つまりその分、衣食費や光熱費を無理に削っている。これはそもそもの意味で、最低生活保障に反することになろう。

　さらに、医療扶助に注目があたる制度上の要因として、費用負担関係が挙げられる。すなわち、「社会保険が優先し、公的扶助が劣後する」という社会保障制度の一般的な原則が医療扶助では逆転しており、（ごく少数ではあるが被用者保険適用下の保護受給者も存在するものの）保護受給者は国民健康保険適用から除外される（国民健康保険法6条9号）。そうなると、一般の医療保険であれば、保険負担7割、自己負担3割となるところ、国民健康保険から抜けるため、医療扶助10割という給付率にならざるを得ない。これは沿革的には、現行生活保護法の成立が1950年であり、国民健康保険法の改正が1958年であるから、医療扶助で医療がすでにカバーされている保護受給者をわざわざ後発の国民健康保険に入れ直す必要はない、との判断があったものと思われる。しかしいずれにしても、10割給付の医療扶助は、63条適用（保護費の返還）の場面では返還額

を大きく膨らませてしまう（どういうことかというと、もし被用者保険にとどめおかれたままで生活保護（医療扶助）を受けた場合、後に資産等が利用可能になり保護費を遡って返還しなければならないときも、医療扶助は3割負担に相当する金額だけが返還対象になるのに対して、国民健康保険から抜けて医療扶助10割適用になると、その全額が返還対象になることになる。被用者保険に加入しているかいないかで、保護利用の際の返還義務に違いが出るのは、少なくとも保護受給者にはコントロールできない話であり、平等原則との関係でも問題となる）。そうであれば、国民健康保険への統合（自己負担3割についてのみ医療扶助適用）が制度的にはすっきりするが、4分の3が国庫負担の医療扶助から、実質的に多くの赤字を抱える市町村国民健康保険に財政負担を付け替えるのは、政治的な困難がつきまとう。とはいえ、ジェネリック医薬品の問題に明らかなように、生活保護のスティグマは放置すると拡大する傾向にある。こうしたスティグマを取り除く努力は今後も継続されるべきであり、例えばその都度の医療券方式から保険証相当の医療証に切り替えるなど、制度の使い勝手をよりよくしていく必要があろう。

3　介護扶助

介護扶助の規模　介護扶助は、制度開始時点（2000年度）において扶助人員が1ヶ月平均6万6832人であったところ、2016年には34万8063人になり、5倍以上に規模が拡大した。同じ期間における介護保険の給付費の伸びが3倍程度といわれており、生活保護はこれを上回る。保護受給者における高齢者の占める割合が高いことが影響していよう。なお2019年度保護予算額において、介護扶助は767億円（国庫負担部分のみ）となっている。

介護扶助の制度の枠組み　介護扶助は、1950年の生活保護制度発足時には存在しておらず、介護保険法の制定に伴って追加された新たな保護の種類である（2000年4月実施）。

　介護扶助は、困窮のため最低限度の生活を維持することのできない要介護者に対しては、①居宅介護（居宅介護支援計画に基づき行うものに限る。）、②福祉用

具、③住宅改修、④施設介護、⑨移送、という事項の範囲内において行われる。

　困窮のため最低限度の生活を維持することのできない要支援者に対しては、⑤介護予防（介護予防支援計画に基づき行うものに限る。）、⑥介護予防福祉用具、⑦介護予防住宅改修、⑧介護予防・日常生活支援（介護予防支援計画または介護保険法第115条の45第１項第１号ニに規定する第１号介護予防支援事業による援助に相当する援助に基づき行うものに限る。）、⑨移送、という範囲内において行われる。

　困窮のため最低限度の生活を維持することのできない居宅要支援被保険者等に相当する者（要支援者を除く。）に対しては、⑧介護予防・日常生活支援（介護予防支援計画または介護保険法第115条の45第１項第１号ニに規定する第１号介護予防支援事業による援助に相当する援助に基づき行うものに限る。）、⑨移送、という事項の範囲内において行われる（法15条の２第１項参照）。

　介護扶助は、原則として、現物給付によって行われる（法34条の２第１項本文）。この現物給付は、指定介護機関（法54条の２）に委託して行うものとされている（法34条の２第２項）。

　なお、介護保険料加算は生活扶助の加算の一種であり、介護扶助とは区別される。

介護扶助の運用　最低生活費の認定において、介護扶助は、教育扶助の次、医療扶助の前に積み上げられる。この収入充当順位との関係で、介護扶助は、医療扶助と同様に見かけ上単給となる場合がある。運用においても、医療扶助と同じく、介護扶助については**介護券**が発行されるが、サービスを受ける本人を介することなく、実施機関から指定介護機関に直接送付される点で違いがある。いわゆる要介護認定が介護扶助においても制度運用の前提となることも、医療扶助との大きな相違である。

　なお医療扶助と同様、介護扶助についても詳細な実施要領（介護扶助運営要領）が定められている。

介護扶助の課題　介護扶助と介護保険の関係は非常に複雑である。この点でまず、医療扶助は、保護受給者が国民健康保険から適用除外されることを前提にした制度枠組みとなっている（国民健康保

険法 6 条 9 号：「生活保護法（昭和二十五年法律第百四十四号）による保護を受けている世帯（その保護を停止されている世帯を除く。）に属する者」は適用除外）。

　これに対して、介護保険では、65歳以上の第 1 号被保険者において、40歳以上65歳未満の第 2 号被保険者のように医療保険加入を前提としていないことから（介護保険法 9 条）、生活保護受給者も65歳以上であれば第 1 号被保険者とするという仕組みになっている。この結果、介護保険の給付を受けた場合、保険負担が原則 9 割となり、残りの自己負担となる 1 割部分について介護扶助を支給する、という関係になっている。その意味では、社会保険が公的扶助に優先するという社会保障の一般的な原則を、第 1 号被保険者限りではあるものの、制度上体現する形になっている。また第 2 号被保険者においても、健康保険等の医療保険に加入している保護受給者は、第 1 号と同様、介護保険へのメンバーシップが貫徹され、（保護受給者でないその他の第 2 号におけるのと同じく、要介護状態が特定疾病に起因する場合のみであるが）介護扶助 1 割がやはり適用される。

　その反面、40歳以上65歳未満の保護受給者の大半は、健康保険等が適用されるケースがほとんどないため、国民健康保険からも除外されており、よって第 2 号被保険者の地位を取得できない。彼らが特定疾病に起因する要介護状態になった場合、介護保険からは給付が行われないため、結果として、介護扶助が10割分を給付することになる。その点では、医療扶助と制度構造が同じになる。ちなみに国費ベースでの支出において、介護扶助が医療扶助の約20分の 1 で収まっているのは、医療扶助10割のようなケースが制度全体では少ないことによる。

　このように、年齢や医療保険加入の有無で細かく区別されるところはあるものの、主たる公的介護保障の対象となる65歳以上の者について、社会保険方式による権利発生システムを優先して採用していることは、医療扶助と比較した場合の前進点である。しかしながら、この種の体系的合理性が、給付の水準との関係では逆に働いている。

　すなわち、介護扶助は、制度の枠組みからも理解できるように、給付内容が介護保険に完全に一致させられている（介護扶助の範囲にかかる規定が複雑なの

コラム5-1　「貧困ビジネス」とは何か

　「貧困ビジネス」とは、貧困者をいろいろな形で"食い物"にする、多様な社会的実態をもったビジネスモデルを指すものである（ただし法的な定義はない）。一例を挙げると、ホームレスに対する保護の適用が極端に制限されてきたという社会的状況において、悪質な業者がホームレスの人たちに声をかけて回り、当該業者の用意した「施設」に住まわせ、保護を申請させ、しかし保護費を本人たちから事実上取り上げてしまうような例が報告されている。しかもそこではまともな支援などはなく、4人1部屋でプライバシーは守られず、1食何百円というような粗末な食事しかあてがわれない。

　近年では、こうした悪質業者への規制が進み、いかにも貧困ビジネスといったケースは減ってはいるものの、根本的には、社会保障や社会的支援がニーズある人たちにきちんと届いていないことからくる社会的な「溝」がいまだに存在し、そしてそこにつけ込まれている現状こそが問題だといえる。その意味では、クレサラ問題などの多重債務や老人病院など、古くから存在する社会問題とも共通するところがある。まっとうな社会保障、生活保障の確立に向けて、社会全体で努力していく必要がある。

も、介護保険の側における要介護者と要支援者の区別、介護給付と予防給付の体系的相違などがそのまま反映されているためである）。確かに医療扶助も診療方針・診療報酬は国民健康保険の例によるので、介護でも同じ関係になっているだけのようにも思われるが、そうではない。というのも、国民健康保険は、医療保険としていわゆるオプティマムのレベル（最適水準）を提供するものだと理解されており、よって最適水準の医療が平等に保障される。この国民健康保険の考え方を医療扶助にトレースすることによって、保護受給者も国民健康保険や健康保険の被保険者との関係で医療内容は区別も差別もされない。

　これに対して、介護保険はオプティマム保障というよりも、社会保険という性質上、定型化された給付量を前提に、それを超える部分は自己負担で調達することが制度の前提になっている。しかし保護受給者にとってはこの追加の費用負担はほとんど期待できないし、不可能である。よって介護保険の上限をそのまま介護扶助を通じて利用するしかない。つまり、介護に対する本来的な個々人のニーズが結果的に無視される形になっているのである。これは、ドイ

ツのように、介護保険で給付しきれない部分について介護扶助が追加的に適用される枠組みとは根本的に異なっている。公的扶助本来の役割である、制度間の隙間で生まれるリスクへの対応という任務が、わが国の介護扶助ではいまだ十全ではない。これは場合によっては、介護ニーズにおける最低生活保障の欠缺として憲法上の整合性が問われる可能性もある問題である。

法律文化社
出版案内
2020年版

■民法テキストシリーズ

ユーリカ民法
田井義信 監修

1 民法入門・総則 2900円
大中有信 編

2 物権・担保物権 2500円
渡邊博己 編

3 債権総論・契約総論 2700円
上田誠一郎 編

4 債権各論 2900円
手嶋 豊 編

5 親族・相続 2800円
小川富之 編

新プリメール民法
〔αブックス〕シリーズ

1 民法入門・総則 2800円
中田邦博・後藤元伸・鹿野菜穂子

2 物権・担保物権法 2700円
今村与一・張 洋介・鄭 芙蓉・
中谷 崇・髙橋智也

3 債権総論 2700円
松岡久和・山田 希・田中 洋・
福田健太郎・多治川卓朗

4 債権各論 2600円
青野博之・谷本圭子・久保
宏之・下村正明

5 家族法 2500円
床谷文雄・神谷 遊・稲垣朋
子・且井佑佳・幡野弘樹

新ハイブリッド民法

1 民法総則 3100円
小野秀誠・良永和隆・山田
創一・中川敏宏・中村 肇

2 物権・担保物権法 3000円
本田純一・堀田親臣・工藤祐
巌・小山泰史・澤野和博

3 債権総論 3000円
松尾 弘・松井和彦・古積
健三郎・原田昌和

4 債権各論 3000円
滝沢昌彦・武川幸嗣・花本
広志・執行秀幸・岡林伸幸

ハイブリッド民法5
家族法〔第2版補訂〕 3200円
※2021年春〜改訂予定

法律文化社 〒603-8053 京都市北区上賀茂岩ヶ垣内町71 TEL075(791)7131 FAX075(721)8400 URL:https://www.hou-bun.com/ ◎本体価格(税抜)

法律

社会の事象を検証する

第**6**章

生活保護の動向

1　被保護人員および被保護世帯数

図表6-1　被保護世帯数、被保護人員、保護率の年次推移

○生活保護受給者数は約210万人。2015年3月をピークに減少に転じた。
○生活保護受給世帯数は約164万世帯。高齢者世帯の増加により、世帯全体は増加しているが、高齢者世帯以外の世帯については減少傾向が続いている。

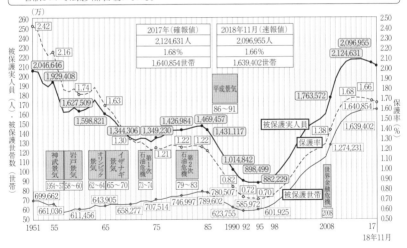

資料：被保護者調査　月次調査（厚生労働省）（2011年度以前は福祉行政報告例）

（出典）厚生労働省社会・援護局関係主管課長会議資料2019年3月5日

被保護人員の動向　　最低限度の生活を保障しようとする生活保護制度
は、資産や収入の少ない階層を対象としていること

から、被保護人員は、社会情勢や経済情勢などの社会変動に対応して推移する傾向が強い。

　これまでの被保護人員の動向（図6‐1）をみると、現行の生活保護法施行後しばらくは、被保護者数はおおむね減少の傾向にあったが、1960年代前半には、石炭産業合理化による失業者増に伴う被保護人員の増加、1970年代後半には、オイルショックによる不況に伴う被保護人員の増加がみられる。その後、1980〜1990年代前半にかけては、いわゆる保護の「適正化」による減少や「バブル景気」に伴い、被保護人員は大きく減少し、1995年度には被保護世帯約60万2000世帯、被保護者約88万2000人まで減少した。

　しかし、1990年代後半からは、バブル崩壊による不況の長期化、失業の増加、雇用環境の変化などの影響により、被保護人員は増加傾向となった。さらにリーマンショックや東日本大震災の影響で被保護人員が急増した。2011年度では200万人を超え、1951年度の被保護人数を超えた。その後、210万人台となったが、最近は低所得者対策の整備が進んだことにより、横ばいからやや減少傾向にある。被保護世帯数は、1990年代後半以降、世帯の単身化や高齢化を背景に急増し、最近では160万世帯台となっている。

　市・郡部別に被保護人員をみると、郡部は横ばいからやや減少傾向にあるが、市部は大幅に増加していることから、近年における被保護人員の急増は、とりわけ市部において顕著であることがわかる。

　　保　護　率　人口当たりの被保護人員数の比率を保護率という。
　　　　　　　　被保護人員の増加に伴い保護率も上昇傾向にあり、現在の保護率は1.69%（2016年度）となっている。これを都道府県別にみると、地域差が非常に大きく、保護率が最も高い大阪府（3.33%）と最も低い富山県（0.33%）を比較すると、10倍の差が生じている。

　　年　齢　構　成　被保護人員の年齢階層別構成割合をみると、高齢者
　　　　　　　　　　の割合が高い。かつては未成年者の割合が全体の半数以上を占めていたが、少子高齢化の進行と平均寿命の伸長により、全体として高齢人口が増加したこと、国民の扶養意識の変化により高齢者のみの夫婦や単身世帯が増加したこと、年金や資産が少ない高齢者が多いこと等により、

2016年現在では、60歳以上70歳未満が23%、70歳以上が34%と、60歳以上の者が約6割を占めている。

扶助の種類別扶助人員　現行の各扶助の中で、最も多くの被保護者が受けているものが生活扶助であり、2017年度で、被保護人員の89%が受けている。続いて、住宅扶助（85%）、医療扶助（83%）、介護扶助（17%）、教育扶助（6%）、生業扶助（2%）、葬祭扶助（0.2%）、出産扶助（0.0%）の順となっている。

　住宅扶助は、1970年代では被保護人員の50%程度であったが、現在では85%まで増加している。これは、大都市とその周辺で借家などに居住する被保護者が増加したことによる。

　生活保護の予算額に最も大きな比重を占める医療扶助については、住宅扶助と同様に増加し、現在では被保護人員の83%が受けている。

　また、2005年以降、生業扶助が大きく増加している。これは、高等学校に進学する場合に高等学校等就学費が生業扶助として支給が開始されたことによる（図表6-2参照）。

世帯人員別被保護世帯数　世帯人員別被保護世帯数をみると、世帯の少人数化が進んでいる。1960年には3人以上の世帯が約5割を占めていたのが、2016年現在では、世帯人員が1人または2人の少人数世帯

図表6-2　扶助の種類別扶助人員数

年　次	総　数	生活扶助	住宅扶助	教育扶助	介護扶助	医療扶助	出産扶助	生業扶助	葬祭扶助
1960	1,627,509	1,425,353	656,009	496,152		460,243	478	6,296	2,601
1975	1,349,230	1,159,900	704,626	228,686		785,084	207	2,960	1,780
1990	1,014,842	889,607	730,134	135,793		711,268	73	1,899	1,108
2005	1,475,838	1,320,413	1,194,020	135,734	164,093	1,207,814	112	29,253	2,165
2010	1,952,063	1,767,315	1,634,773	155,450	228,235	1,553,662	186	52,855	2,999
2015	2,163,685	1,927,267	1,842,105	142,067	329,999	1,775,997	162	53,078	3,329
2017	2,124,631	1,885,587	1,815,615	125,246	366,287	1,765,043	138	47,796	3,586

（出典）平成29年度被保護者調査をもとに、筆者作成

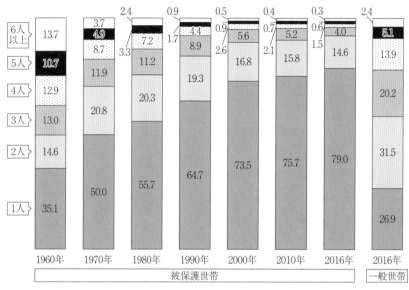

図表6-3　世帯人員別世帯数の構成比の推移（単位：％）

資料：被保護者調査（年次、平成22年までは被保護者全国一斉調査（基礎））、国民生活基礎調査
　（出典）生活保護制度研究会編『生活保護のてびき　平成30年度版』（第一法規、2018年）7頁を筆者一部修正

がそれぞれ78％、15％を占めており、少人数世帯が全体の9割以上を占めている（図表6-3参照）。

世帯類型別被保護世帯数　生活保護の動向においては、世帯類型を①**高齢者世帯**（男女とも65歳以上の者のみで構成されている世帯か、これらに18歳未満の者が加わった世帯）、②**母子世帯**（死別、離別、生死不明および未婚などにより、現に配偶者がいない65歳未満の女子と18歳未満のその子（養子を含む）のみで構成されている世帯）、③**傷病・障害者世帯**（世帯主が入院しているか、在宅患者加算または障害者加算を受けている世帯、もしくは世帯主が傷病、知的障害などの心身上の理由のため働けない者である世帯）および④**その他世帯**（上記以外の世帯）に大別している。

　世帯類型別被保護者世帯数を見ると、近年では高齢者世帯が約50％、母子世帯が約6％、傷病・障害者世帯が約25％と、これら3つの世帯類型が合わせて

図表 6 - 4　　世帯類型別被保護世帯数の構成比の推移（単位：%）

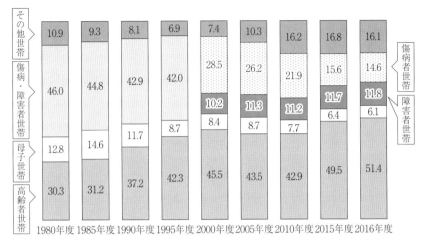

資料：被保護者調査（2010年度までは福祉行政報告例）
　（出典）生活保護制度研究会編『生活保護のてびき　平成30年度版』（第一法規、2018年）6 頁を筆者一部修正

約80％を占めているが、近年では経済・雇用環境の悪化により、その他世帯が
増加している（図表 6 - 4 参照）。

受 給 期 間 別
被 保 護 世 帯 数
保護の受給期間別被保護世帯数の推移をみると、全
体として保護を受ける期間は長期化する傾向がみら
れる（図表 6 - 5 参照）。これは高齢者世帯および傷病・障害者世帯における保
護を受ける期間の長期化の影響によるものである。傷病・障害者世帯は経済的
に自立する余地が限られていること、高齢化の進展による高齢人口の増加など
により、保護期間の長期化の傾向はさらに進むと考えられる。ただし、母子世
帯においては他の世帯に比べて保護期間が相対的に短いものとなっている。こ
れは世帯内の子の成長に伴って子の就労および母の就労などが可能となり、こ
れによって経済的に自立していくケースが多いことが原因と考えられる。

世 帯 業 態 別
被 保 護 世 帯 数
世帯業態別被保護世帯数をみると、2016年度におい
て、全体の84％は世帯内に働いている者がいない世
帯である。世帯主が働いている世帯は13％であるが、近年ではわずかながら増

図表 6-5 保護受給期間別被保護世帯数の構成比の推移（単位：％）

年	6ヶ月未満	6ヶ月〜1年未満	1年〜3年未満	3年〜5年未満	5年〜10年未満	10年以上／10年〜15年未満	15年以上
1970年	11.8	9.1	24.2	17.1	24.7	13.1	
1985年	6.2	7.3	22.5	15.8	23.6	24.6	
1990年	4.2	5.1	16.7	14.6	28.5	31.0	
1995年	4.9	5.8	17.7	10.8	22.5	38.2	
2000年	6.2	7.1	22.0	13.3	19.3	32.1	
2005年	6.2	6.3	22.5	16.7	22.9	25.5	
2010年	8.2	8.7	20.5	12.6	25.4	11.9	12.7
2015年	5.6	4.8	17.1	16.7	27.5	14.9	13.3
2016年	5.3	4.6	16.3	15.0	29.7	15.1	14.0

資料：被保護者調査（年次、2010年までは被保護者全国一斉調査（個別））、国民生活基礎調査
（出典）『生活保護のてびき　平成30年度版』（第一法規、2018年）33頁を筆者一部修正

加傾向にある。

扶助の種類別被保護世帯数　扶助の種類別に被保護世帯数をみると、生活扶助と医療扶助がともに90％近くを占めていることから、生活扶助とともに医療扶助を受けている世帯が多いといえる。これは、被保護世帯の大部分が何らかの疾病を有する世帯員を抱えていることを意味し、これが保護開始に至る大きな要因になっているからである。（図表 6-6 参照）

2　保護の開始・廃止の動向

保護の開始・廃止の状況　保護の開始および廃止世帯数および人員の動向は、景気の変動や経済情勢に左右される。つまり、保護

図表6-6　扶助の種類別被保護世帯数

年　次	総　数	生活扶助	住宅扶助	教育扶助	介護扶助	医療扶助	出産扶助	生業扶助	葬祭扶助
1990	623,755	514,995	420,013	83,565	.	534,031	73	1,680	1,107
2005	1,041,508	908,232	820,009	86,250	157,231	927,945	112	25,702	2,164
2010	1,410,049	1,254,992	1,166,183	103,346	220,616	1,210,389	186	45,332	2,997
2015	1,629,743	1,441,282	1,378,887	95,841	319,002	1,421,745	162	46,430	3,326
2017	1,640,854	1,447,529	1,395,097	84,019	354,473	1,439,459	138	42,289	3,583

（出典）平成29年度被保護者調査をもとに、筆者作成

の開始世帯数・人員は、景気の拡張期には減少し、後退期には増加する。逆に、保護の廃止世帯数・人員は景気の拡張期の増加し、後退期には減少する。

保護の開始理由　保護の開始理由をみると、「貯金等の減少・喪失」「傷病による」「働きによる収入の減少・喪失」が多い。（図表6-7参照）

保護の廃止理由　保護の廃止理由をみると、「死亡」が40％近くを占めていて、最も多い。「働きによる収入の増加」は20％弱となっている。（図表6-8参照）

3　医療扶助の動向

医療扶助の動向　傷病分類別の一般診療件数の構成割合をみると、入院では、精神障害による入院が全体の34％を占めている。そのほか、高齢の被保護者が多いことを反映して、循環器系疾患が15.5％を占めている。このように、一般に治癒または軽快に向かうまで長い診療期間を要する疾病が多いことが、保護の受給期間の長期化の大きな要因といえる。

　入院外（外来）では、循環器系の疾患の割合が最も高い。精神・行動の障害については、年々増加し、2005年度は13.2％まで上昇したが、その後自立支援医療が実施されたことにより、2017年度では4.8％まで減少している。

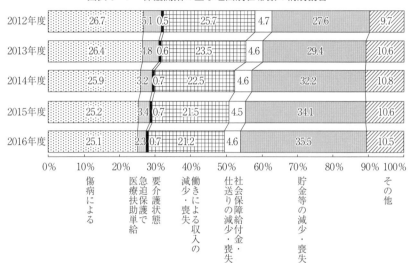

図表 6-7　保護開始の主な理由別世帯数の構成割合

	傷病による	急迫保護で医療扶助単給	要介護状態	働きによる収入の減少・喪失	社会保障給付金・仕送りの減少・喪失	貯金等の減少・喪失	その他
2012年度	26.7	5.1	0.5	25.7	4.7	27.6	9.7
2013年度	26.4	4.8	0.6	23.5	4.6	29.4	10.6
2014年度	25.9	3.2	0.7	22.5	4.6	32.2	10.8
2015年度	25.2	3.4	0.7	21.5	4.5	34.1	10.6
2016年度	25.1	2.3	0.7	21.2	4.6	35.5	10.5

（出典）平成28年度被保護者調査（月次調査確定値）を筆者一部修正

図表 6-8　保護廃止の主な理由別世帯数の構成割合

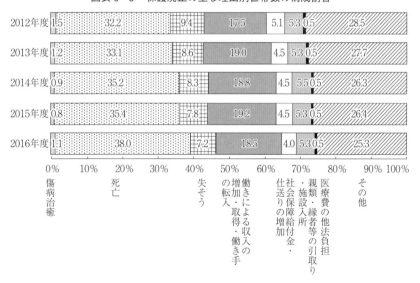

	傷病治癒	死亡	失そう	働きによる収入の増加・取得・働き手の転入	社会保障給付金・仕送りの増加	親類・縁者等の引取り・施設入所	医療費の他法負担	その他
2012年度	1.5	32.2	9.4	17.5	5.1	5.3	0.5	28.5
2013年度	1.2	33.1	8.6	19.0	4.5	5.3	0.5	27.7
2014年度	0.9	35.2	8.3	18.8	4.5	5.5	0.5	26.3
2015年度	0.8	35.4	7.8	19.2	4.5	5.3	0.5	26.4
2016年度	1.1	38.0	7.2	18.5	4.0	5.3	0.5	25.3

（出典）平成28年度被保護者調査（月次調査確定値）を筆者一部修正

コラム 6 - 1　捕捉率

　最低限度の生活水準に満たない世帯のうち、実際に生活保護を受けている世帯の割合のことを捕捉率という。この捕捉率について、低所得者層の実態把握の面で重要であるにもかかわらず、厚生省（当時）のデータがあるのは1953～1965年までである（1965年で44.7％）。その後は一部の研究者による地方自治体ごとの調査あるいは全国レベルの推計しかなく、これについても調査範囲、調査時期や「低所得」「貧困」の定義が各研究者によって異なるので、一概に比較することはできない。

　しかし、景気悪化に伴う貧困層の拡大を背景として、捕捉率を公表すべきとの批判が高まり、厚生労働省は2010年 4 月に、「国民生活基礎調査」を基に生活保護基準以下の低所得世帯数の推計を公表した。これによると、所得のみで判定した生活保護基準以下の世帯は705万世帯（全世帯の14.7％）、資産を考慮した（貯蓄が保護基準の 1 ヶ月未満で住宅ローンなし）生活保護基準以下の世帯は337万世帯（全世帯の7.0％）との推計を公表した。当時の被保護世帯は108万世帯だったので、捕捉率は所得のみで算定すると15.3％、資産を考慮すると32.0％となる。

　捕捉率は80％を超えているといわれているイギリスやドイツと比べて、わが国の捕捉率が低い原因は、生活保護の正確な知識が知られていないこと、国民に生活保護を受けることに対するスティグマ（汚名、恥辱）の意識が根強いこと、福祉事務所での認定判断が厳しいことなどが考えられる。

　捕捉率が15～30％台にとどまっているということは、70～85％の者が生活保護基準に満たない生活をしている、ということである。換言すれば、憲法25条が国民に対して保障する生存権が保障されていない、ということになる。この意味で、捕捉率の向上は緊急に取り組むべき課題であろう。

第 **7** 章

生活困窮者自立支援法と就労支援

1 生活困窮者に対する自立支援・就労支援の必要性

生 活 困 窮 者 に 対 す る 支 援 　私たちは生活に必要な一定の費用を、その保有する資産や得られる収入によって賄っている。安定した生活を送るためには、支出を収入の範囲に収め、家計を黒字に保つよう、やりくりをする必要がある。

　生活に困窮するという状態は、この収支バランスが崩れ、資産や収入よりも支出（費用）が多かったり、生活に必要な費用を賄えない状況にある。またこの状況が恒常化すると、やがて生活が破綻に向かうことになる。生活に困窮する状態から脱するためには、収入を増やすか、支出を減らさなくてはならない。一般的には、こうしたやりくり（自助）を経てもなお生活に困窮し、「健康で文化的な最低限度の生活を営む」ことが困難な場合には、生活保護を申請し受給することが、国民の権利として保障されている（憲法25条）。

　これまで、生活困窮者に対する制度上の福祉的支援は、現に最低生活を下回る世帯に対する生活保護のみであった。生活保護は金銭給付を行うとともに、被保護者に対する「自立の助長」（生活保護法1条）を目的としたケースワークがなされる。被保護者とケースワーカー（現業員）との信頼関係の下で、就労意欲の回復に向けた支援や、計画的な収支管理の指導など、自立に向けた丁寧な支援が、現場のケースワーカーの裁量と努力の下で行われてきた。

　だが、こうした支援を受けられるのは現に生活保護を受給する者に限られており、**漏給率**（生活保護基準に満たない生活にもかかわらず、生活保護を受給してい

ない割合。コラム6-1参照）が8割ともいわれる中で、ほとんどの生活困窮者は
なんらの支援も受けられないままである。またケースワーカーの業務増大が課
題となる中、被保護者でもこのような生活支援を受けられる者は限られてい
る。貧困を要因とする意欲の低下や自信の喪失などによって、本来であれば容
易に就労に結びつき、増収が図れるにもかかわらず、自助努力ではそれが困難
であるために困窮状態が継続する者や、やりくりが得意でないために家計が破
綻する者などに対して、自己責任で解決せよという風当たりは強いが、福祉が
金銭給付以外に焦点をあてた支援を行うべきという視点に乏しかったように思
われる。

　生活困窮者自立支援制度は、生活困窮者に対する金銭給付以外の福祉的支援
を制度化したものといえる。このことは、貧困者には金銭給付さえ行っていれ
ば貧困問題は解決するというような一面的な見方を改める契機となった。

2　セーフティネットの重層化の必要性

**生活困窮者
自立支援制度の位置づけ**　　では、生活困窮者自立支援制度は、日本の社会保障
制度の中でどのように位置づけられるのだろうか。
　日本における社会保障は従来、社会保険と公的扶助の2つの制度を軸に展開
してきた。社会保険は被保険者資格を有する者が加入し、傷病や失業、高齢、
障害などの給付事由（保険事故）が生じ給付要件を満たす者に対し給付を行う
ものである。社会保険は「**第1のセーフティネット**」として、予見された生活
問題に対応する。

　しかし社会保険は、被保険者資格を有しない者は加入することができない。
また被保険者資格を有していたとしても、納付すべき保険料の未納や滞納があ
る場合には給付を受けることができない場合もある。

　このように社会保険制度が適用されない場合に、公的扶助として「**最後の
セーフティネット**」である生活保護法を適用するのが法の建前である。しか
し、生活保護を受給するためには、「利用し得る資産、能力その他あらゆるも
の」の活用が求められる（保護の補足性の原理、生活保護法4条）。

このため、申請にあたってはミーンズテストが課せられ、また稼働能力の活用が求められるなど、生活保護は社会保険による給付と比べて申請者にとって心理的障壁は高く、気軽に利用できるものではないのが現実である。

この社会保険と公的扶助の間にある「谷間」に落ち、なんらの救済も受けられない者が存在することが顕在化したのが、2008年末に生じたリーマンショックによる製造業派遣労働者を中心とした大量の雇止めであった。2003年の法改正による製造業への労働者派遣の解禁など、非正規労働者を拡大させる労働政策が推進される中、「雇用の調整弁」として真っ先に雇止めの対象となった離職者のほとんどは、派遣先が用意する住宅に住み込みで働く派遣労働者たちであった。これらの離職者は、離職と同時に雇用と住宅という生活の基盤を一度に失い、寒空の下路上に放り出されることになった。

この大量の離職者の救済のため「年越し派遣村」の取り組みが民間の支援団体の主導の下で行われた。この取り組みは、このような事態に対応しうる制度はもはや生活保護くらいしか残されていないことを明らかにするものであった。

第2の
セーフティネット
このように、従来の社会保障制度はこうした労働政策の変化に伴う非正規労働者の増大に必ずしも対応できていなかったことが露呈した。そこで、こうした事態に対応するための「第2のセーフティネット」が、おもに非正規労働者を対象とすることを念頭に構想された。

セーフティネットの重層化は、まずは失業者に対する雇用と住宅、そして生活を支える仕組みとして必要性の高い施策として構想され、展開されてきた。

しかし、生活困窮に至る理由は失業のみとは限らない。生活困窮者は、経済的困窮だけでなく、精神的な問題、家族の問題、健康問題など複合的な課題を抱えている場合が多い。また、社会的に孤立している者に困窮リスクが高いと指摘されている。

そして、生活困窮者の多くは自ら生活問題を解決する力が乏しい傾向にある。社会保障制度を利用し給付を受けようとする場合、自ら主体的に各制度別に設置されている相談窓口に出かけ、それぞれ必要な手続きをとる必要がある。しかし、生活困窮者の多くは、そもそも制度を知らない、制度を知ってい

図表 7 - 1　生活困窮者自立支援制度における第 2 のセーフティネット拡充のイメージ

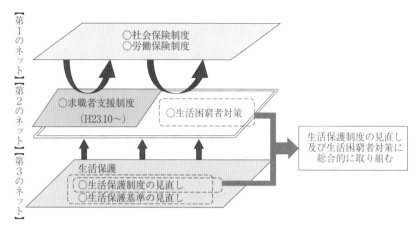

（出典）厚生労働省「自立相談支援事業の手引き」

たとしてもその解決をするための意欲がわかない、相談窓口にたどり着くための時間と金銭的な余裕がない等、主体的に問題解決にあたること自体が困難な状況に置かれていることが少なくない。

　こうした失業だけでない様々な点において困窮リスクを抱えた人々に対する支援として、各制度別の窓口を一本化した窓口を設置し、必要な制度や窓口に繋ぐ機能をもつ**ワンストップ・サービス**や、支援機関が積極的に訪問支援する**アウトリーチ**が有効であることが、「年越し派遣村」の経験や、その他の多くの地域での取り組みにより認知されるようになってきた。また同時に、こうした取り組みは、申請主義に過ぎる相談窓口の在り方に一石を投じるものとなった。

　こうした様々な取り組みを参考に、セーフティネットの重層化と貧困の連鎖を断ち切る方策として、生活困窮者自立支援制度が構想されてきたのである。

3　生活困窮者自立支援法の概要

法制定・改正に至るまでの経過　上記で述べたように、セーフティネットの重層化は、経済状況の変化による生活困窮者の増大、これ

表7-2　生活困窮者自立支援法の沿革

2012年2月	「社会保障・税一体改革大綱」 「生活支援戦略」（仮称）の策定を行うこと、生活困窮者対策と生活保護制度の見直しについて言及
2012年8月	社会保障制度改革推進法制定 「生活困窮者対策及び生活保護制度の見直しに総合的に取り組む」（附則2条）。
2013年1月	社会保障審議会「生活困窮者の生活支援の在り方に関する特別部会」報告書 「新たな生活困窮者支援制度の構築」と「生活保護制度の見直し」について、両者を一体的に実施することによって新しい生活支援体系を実現すべき
2013年12月	生活保護法の一部を改正する法律案、生活困窮者自立支援法制定（2015年4月施行）
2016年6月	「ニッポン一億総活躍プラン」閣議決定 「子供・高齢者・障害者など全ての人々が地域、暮らし、生きがいを共に創り、高め合うことができる『地域共生社会』を実現する」
2017年2月	厚生労働省「我が事・丸ごと」地域共生社会実現本部『地域共生社会』の実現に向けて（当面の改革工程）」 地域課題の解決力の強化として「本人に寄り添いながら生活全般に対する包括的な支援を行うという生活困窮者自立支援制度の理念を普遍化」し、「すべての住民を対象とする包括的支援体制を構築する」と示す
2017年12月	「社会保障審議会生活困窮者自立支援及び生活保護部会報告書」 地域共生社会の実現を見据えた包括的な相談支援の実現、「早期」、「予防」の視点に立った自立支援の強化、居住支援の強化、貧困の連鎖を防ぐための支援の強化、制度の信頼性の確保

（出典）筆者作成

に伴う生活保護受給者の増大に対応する形で提起されてきた（図表7-2）。

目的と基本理念　生活困窮者自立支援法の目的は、「生活困窮者自立相談支援事業の実施、生活困窮者住宅確保給付金の支給その他の生活困窮者に対する自立の支援に関する措置を講ずることにより、生活困窮者の自立の促進を図ること」（法1条）である。ここでいう「自立」とは、経済的な自立のみならず、日常生活における自立や社会生活における自立も含まれると解されている。

　対象となる「**生活困窮者**」は、「就労の状況、心身の状況、地域社会との関係性その他の事情により、現に経済的に困窮し、最低限度の生活を維持することができなくなるおそれのある者」（法3条1項）であると定義し、生活困窮に

陥りやすいと考えられる理由を挙げている。

　また基本理念については、「生活困窮者の生活支援の在り方に関する特別部会」の報告（2013年）において生活困窮者自立支援制度が 4 つの基本的視点（自立と尊厳、繋がりの再構築、子ども・若者の未来、信頼による支え合い）と 3 つの支援の形（包括的・個別的な支援、早期的・継続的な支援、分権的・創造的な支援）の下で運営されるべき旨提起していたが、法制定時は法文上には明らかにされていなかった。2018年改正法では、これらを反映した基本理念を次のように明確にした。

　①生活困窮者の尊厳の保持（法 2 条 1 項）

　②就労の状況、心身の状況、地域社会からの孤立といった生活困窮者個人の
　　状況に応じた、包括的・早期的な支援（同条同項）

　③地域における関係機関、民間団体との緊密な連携等支援体制の整備（生活
　　困窮者支援を通じた地域共生社会の実現に向けた地域づくり）（同条 2 項）

各事業の位置づけ　　生活困窮者支援制度は、生活困窮者に対する包括的な相談支援を行う**自立相談支援事業**と、住居と就労機会の確保に向けた支援を行うことを目的とする**住宅確保給付金**の支給を、福祉事務所設置自治体（都道府県、市および福祉事務所を設置する町村。以下同じ）の必須事業としている。

　また、基本理念に掲げる支援を具現化するため、また複雑かつ多様化している生活困窮者の有する課題に対応するためには、就労、家計など様々な面から自立に向けた包括的な支援を提供できる体制づくりを進める必要がある。このため、**就労準備支援事業**と**家計改善支援事業**については2018年法改正により努力義務化し、自立相談支援事業と一体的に実施することを求めている。

　このほか、生活困窮者の抱える様々な課題に対する支援については、従来の行政の取り組みや自治体の規模、地域の人口構成や経済の在り方など、地域ごとの多様な条件によって異なることから、任意事業とし、地域の実情に応じて実施できるようにしている。

各事業の概要　　（1）**自立相談支援事業**　　自立相談支援事業は、生活困窮者が抱える多様で複合的な問題につき、①生活

図表 7-3　生活困窮者自立支援制度の概要

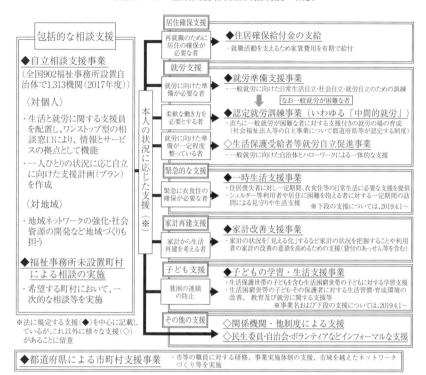

(出典) 厚生労働省「生活困窮者自立支援制度に係る自治体事務マニュアル」(2018年10月1日　第3版) をもとに
筆者作成

困窮者および生活困窮者の家族その他の関係者からの相談に応じ、必要な情報
提供および助言をすること、②関係機関との連絡調整を行うこと、③**自立支援
計画** (生活困窮者に対する支援の種類及び内容等を記載した計画。以下「プラン」とい
う) の作成、生活困窮者に対する認定生活困窮者就労訓練事業の利用のあっせ
ん等様々な支援を包括的かつ計画的に行うことにより、生活困窮者の自立の促
進を図ることを目的とする事業である (法3条2項)。

　福祉事務所設置自治体は、生活困窮者に対して包括的な支援を提供するため
に、自立相談支援事業を実施する機関である**自立相談支援機関**を常設する。

　また、自治体の福祉、就労、教育、税務、住宅等の関係部局において生活困窮者を把握した場合に、生活困窮者に対し、生活困窮者自立支援制度の利用勧奨を行うことが努力義務として課されている（法 8 条）。

　自立相談支援機関には、支援に従事する次の職種を配置する。

①**主任相談支援員**（相談業務全般のマネジメントや他の支援員の指導・育成、支援困難ケースへの対応など高度な相談支援、社会資源の開拓・連携等を行う）

②**相談支援員**（生活困窮者へのアセスメント、プランの作成や、様々な社会資源を活用しながらプランに基づく包括的な相談支援の実施、相談記録の管理、訪問支援等のアウトリーチを行う）

③**就労支援員**（生活困窮者へのアセスメント結果を踏まえ、公共職業安定所や協力企業をはじめ、就労支援に関する様々な社会資源と連携を図りつつ、その状況に応じた能力開発、職業訓練、就職支援等の就労支援を行う）

⑵　**就労準備支援事業**　　就労準備支援事業は、雇用による就業が著しく困難な生活困窮者に対し、一定期間、就労に必要な知識および能力の向上のために必要な訓練を行う事業である（法 3 条 4 項）。

　雇用による就業が著しく困難な生活困窮者は、就労に必要な実践的な知識・技能等が不足しているだけではなく、複合的な課題があり、生活リズムが崩れている、社会との関わりに不安を抱えている、就労意欲が低下している等の理由で就労に向けた準備が整っていないことが多い。こうした課題を抱える者に対し、一般就労に向けた準備としての基礎能力の形成からの支援を、計画的かつ一貫して実施することが、就労準備支援事業の目的である。

　就労準備支援事業では、作成された就労準備支援プログラムを踏まえ、①**日常生活自立**に関する支援（規則正しい起床・就寝等の適正な生活習慣の形成など）、②**社会生活自立**に関する支援（コミュニケーション能力の形成、職場見学やボランティア活動等）、③**就労自立**に関する支援（職場での就労体験の機会の提供、ビジネスマナー講習、キャリア・コンサルティング、模擬面接、履歴書の作成指導等）などが行われる。

　利用期間は 1 年を超えない期間と定められているが（施行規則 5 条）、事業の利用終了後も一般就労に繋がらなかったケースで、自立相談支援事業のアセス

メントにおいて改めて就労準備支援事業を利用することが適当と判断されたときは、事業の再利用が可能である。

(3) **就労訓練事業（中間的就労）**　**就労訓練事業**は、雇用による就業を継続して行うことが困難な生活困窮者に対し、就労の機会を提供するとともに、就労に必要な知識および能力の向上のために必要な訓練等を行う事業である（法16条1項）。都道府県知事等は、所定の認定基準に適合する事業者に対し、就労訓練事業の認定を行う。

就労訓練事業の対象者は、自立相談支援機関のアセスメントにおいて、直近の就労経験が乏しい者、将来的に一般就労が可能と認められるが、一般就労に就くうえで、まずは本人の状況に応じた柔軟な働き方をする必要があると判断された者であって、福祉事務所設置自治体による支援決定を受けたものである。具体的には、①直近の就労経験が乏しい者（ひきこもりの状態にある者や長期間失業状態が続いている者など）、②身体障害者等であって、障害者就労移行支援事業等の障害福祉サービスを受けていない者や、身体障害者等とは認められないが、これらの者に近似して一定程度の障害があると認められる者や障害があると疑われる者、などである。

就労訓練事業は、一般就労と福祉的就労（就労継続支援B型事業等の障害福祉サービス）との間に位置する就労の形態として位置づけられ、事業主の指揮監督を受けない軽作業等を、訓練計画に基づいて行う非雇用型と、雇用契約に基づき、労働時間や欠勤等について柔軟な対応など一定の配慮の下で就労する支援付雇用型に区分される。

実施にあたっては、**就労訓練事業所**は、自立相談支援機関の関与の下、個々の対象者について、就労の実施内容、目標等を記載した就労支援プログラムを作成する。期間はおおむね3〜6ヶ月程度とし、自立相談支援機関の関与の下、就労訓練事業所に所属する就労支援担当者と対象者との面談を経た上でプログラムの見直し・更新を行う。

(4) **家計改善支援事業**　**家計改善支援事業**は、生活困窮者に対し、収入、支出その他家計の状況を適切に把握することおよび家計の改善の意欲を高めることを支援するとともに、生活に必要な資金の貸し付けのあっせんを行う事業で

ある（法3条5項）。

　生活困窮者の多くは、家計収支の均衡がとれていないなど、家計に課題を抱えている。家計改善支援事業は、こうした生活困窮者からの相談に応じ、相談者とともに家計の状況を明らかにして家計の改善に向けた意欲を引き出した上で、家計の視点から必要な情報提供や専門的な助言・指導等を行う。

　家計改善支援事業の窓口では、**家計改善支援員**が**家計支援計画**（家計再生プラン）に基づき相談支援を行う。

①家計管理に関する支援（家計表やキャッシュフロー表等の活用や出納管理の支援を行い、家計収支の均衡を図る）

②滞納（家賃、税金、公共料金など）の解消や各種給付制度等の利用に向けた支援

③債務整理に関する支援（多重債務者相談窓口との連携等）

④貸付のあっせん

　事業の利用開始にあたっては、プランとは別に、プランを踏まえた家計再生プランを個人ごとに作成する必要がある。

　(5)　**住宅確保給付金の支給**　　**住宅確保給付金**は、離職または自営業の廃止（以下「離職等」という）により経済的に困窮し、住居を喪失した者または住居を喪失するおそれのある者に対し、家賃相当分の住宅確保給付金を支給することにより、これらの者の住居および就労機会の確保に向けた支援を行う（3条3項）。

　実施主体は、福祉事務所設置自治体である。支給審査および支給決定等の支給事務は自治体の責任において行い、相談・受付業務、受給中の面接等の住宅確保給付金の窓口業務については、自立相談支援機関において実施する。

　支給額は家賃相当額の範囲内である。

　支給期間は3ヶ月であり、3ヶ月ごとに9ヶ月まで都道府県の判断で延長することができる（施行規則12条）。

　福祉事務所設置自治体は、住宅確保給付金の受給者に対して、プランに基づき就労支援を行う（施行規則14条）。

　(6)　**一時生活支援事業**　　**一時生活支援事業**は、一定の住居をもたない生活困窮者に対し、一定の期間内に限り、宿泊場所の供与、食事の提供および衣類そ

図表7-4　子どもの学習・生活支援事業

学習支援（高校中退防止の取組を含む）	生活習慣・育成環境の改善	教育及び就労（進路選択等）に関する支援
・日々の学習習慣の習慣づけ、授業等のフォローアップ ・高校進学支援 ・高校中退防止（定期面談等による細やかなフォロー等）等	・学校・家庭以外の居場所づくり ・生活習慣の形成・改善支援 ・小学生等の家庭に対する巡回支援の強化等親への養育支援を通じた家庭全体への支援等	高校生世代等に対する以下の支援を強化 ・進路を考えるきっかけづくりに資する情報提供 ・関係機関との連携による、多様な進路の選択に向けた支援　等

（出典）厚生労働省「改正生活困窮者自立支援法について」

の他日常生活を営むのに必要となる物資の貸与または提供により、安定した生活を営めるよう支援を行う事業である（法7条2項1号）。

　対象者は、**ホームレス**や定まった住居を喪失し終夜営業店舗等に宿泊する者等であって、一定基準以下の収入・資産であって、緊急性等を勘案し、福祉事務所設置自治体が必要と認める者である（施行規則6条）。

　利用期間は、原則として3ヶ月を超えない期間とする。ただし、個々人の状況により6ヶ月を超えない期間まで延長が可能である（施行規則7条）。

（7）**子どもの学習・生活支援事業**　　**子どもの学習・生活支援事業**は、貧困の連鎖を防止するため、生活保護受給世帯を含む生活困窮世帯の子どもを対象として、**学習支援**等を行う事業である（法7条2項2号）。

　支援内容は、図表7-4に掲げるもの等を、拠点形式や家庭訪問等により実施する。

相談・利用の流れと支援決定　**自立相談支援機関**は、相談のあった生活困窮者から利用申込があった場合、次のような流れで相談および支援決定がなされる。

　①アセスメント（生活困窮者が抱える課題を包括的に把握し、課題の抽出、背景・要因の分析の上で解決の方向性を見定める）

　②プランの策定（アセスメントの結果を踏まえ、本人と相談支援員等の協働によりプラン案を作成し、**支援調整会議**による調整・了承を得る）

　③法定事業の利用申請（申込）・支援決定（生活困窮者は申込書と添付書類を自

立相談支援機関へ提出、申込書等は福祉事務所設置自治体へ回付されたのち、福祉事務所設置自治体が支援決定を行う）

④支援の実施（各事業について個別の支援計画を策定し、支援を実施する）

⑤モニタリング（各事業の利用開始後も継続的に、本人の状況や支援の実施状況を確認する）

⑥プランの評価・再アセスメント・プランの見直し（プランの期間の終期や本人の状況に大きな変化が生じた場合、自立相談支援機関の判断により、目標の達成状況、みられた変化、現在の状況と残された課題、本人の満足度、今後についての希望等を確認し、支援調整会議において、支援を終結するか、再アセスメントの後にプランを見直して継続するかを検討し、判断する）

　支援調整会議は、自立相談支援機関が、プラン案の適切性の協議、支援提供者によるプランの共有、プラン終結時等の評価、社会資源の充足状況の把握と開発に向けた検討を行うために開催する。その際、福祉事務所設置自治体職員等にも参画を求める。

　なお、福祉事務所未設置町村においても、都道府県と連携し、相談や情報提供・助言、都道府県との連絡調整、自立相談支援事業の利用の勧奨等の業務を行う事業を行うことができる（法11条1項）。

4　自立支援プログラムと就労支援

自立の意義と自立支援　生活保護法は、その目的について最低生活保障と自立の助長を掲げている（1条）。ここでいう「**自立**」について、従来は就労による自立、そして生活保護からの脱却（保護廃止）と理解されてきた。このような理解の下で、生活保護行政においては、就労を保護要件の議論とすることで、就労意欲が低く就労をしようとしない人を保護廃止等により、生活保護から排除してきた傾向があったという。また、被保護者の増加とケースワーカーの業務量が増大する中で、自治体財政に直接結びつく就労支援のみを強調し、生活上の課題解決のための支援については、被保護者の自己責任を強調し、否定的に捉える意見もあったという。

図表 7 - 5 自立の概念

自立概念	内容
①経済的自立	就労による経済的自立等
②日常生活自立	身体や精神の健康を回復・維持し、自分で自分の健康・生活管理を行うなど日常生活において自立した生活を送ること
③社会生活自立	社会的なつながりを回復・維持し、地域社会の一員として充実した生活を送ること

（出典）生活保護受給者に対する就労支援のあり方に関する研究会（第5回）資料（2018年11月30日）

こうした見方に転換を迫ったのが、「生活保護制度の在り方に関する専門委員会報告書」（2014年、以下「報告書」という）である。報告書では、今日の被保護世帯の特徴について、傷病・障害、精神疾患等による社会的入院、DV、虐待、多重債務、元ホームレスなど多様な問題を抱えており、また相談に乗ってくれる人がいないなど社会的きずなが希薄な状態にあること、被保護者に稼働能力があっても、就労経験が乏しく、不安定な職業経験しかない場合が少なくなく、就労の不安を生じさせ、また雇用の機会を狭めるなど、就労にあたっての1つの障害となっていることが示された。そして、被保護者に対する自立支援について、「『自立支援』とは、社会福祉法の基本理念にある「利用者が心身共に健やかに育成され、又はその有する能力に応じ自立した日常生活を営むことができるように支援するもの」を意味すると示し、就労自立支援のみならず、日常生活自立支援、社会生活自立支援を含むものであるとした。このように生活保護における自立支援の考え方を提示し、**自立支援プログラムの導入**を提起した（図表7-5参照）。これを受け、厚生労働省は自立支援プログラムによる自立支援の基本方針を示した。

自立支援プログラムの意義と内容　自立支援プログラムは、実施機関（福祉事務所設置自治体）が管内の被保護者世帯全体の状況を把握した上で、被保護者の状況や自立阻害要因について類型化を図り、それぞれの類型ごとに取り組むべき自立支援の具体的内容および実施手順等を定め、これに基づき個々の被保護者に必要な支援を組織的に実施するものである。厚生労働省は「自立支援プログラム導入のための手引（案）」において、図表7-6のよう

図表7-6　自立支援プログラムの例

策定分野	プログラム例
経済自立分野 （4プログラム例）	①生活保護受給者等就労支援事業活用プログラム ②福祉事務所における就労支援プログラム ③福祉事務所における若年者就労支援プログラム ④精神障害者就労支援プログラム
社会生活自立分野 （1プログラム例）	○社会参加活動プログラム
日常生活自立分野 （6プログラム例）	①日常生活意欲向上プログラム ②高齢者健康維持・向上プログラム ③生活習慣病患者健康管理プログラム ④精神障害者退院促進支援事業活用プログラム ⑤元ホームレス等居宅生活支援プログラム ⑥多重債務者等対策プログラム

（出典）「生活保護に関する行政評価・監視―自立支援プログラムを中心として―の結果に基づく勧告に対する改善措置状況（2回目のフォローアップ）の概要」2010年12月20日総務省行政評価局

　なプログラム例を示している。福祉事務所設置自治体は、これらを参考に、各地域の実情を踏まえた自立支援プログラムを作成し、実施している。

生活保護受給者に対する就労支援　生活保護受給者に対する就労支援は、自立支援プログラムの導入前までは、担当ケースワーカー個人の経験や力量に委ねられ、ともすると稼働能力の活用要件の判定の一環として、画一的な就労指導のみが強調されてきた。しかし、被保護世帯の抱える問題の多様性や、被保護者に稼働能力があっても就労に不安を覚えるなどして就労に容易に結びつかない場合も少なくなく、こうした場合は、就労指導よりも先に日常生活自立支援や社会生活自立支援を優先したほうが、結果的に本人の自立に資する。

　現在、図表7-7のように、被保護者の状況に応じ、生活困窮者自立支援制度と同様の**就労支援事業**が行われている。

5　生活困窮者支援・就労支援の課題

　生活困窮者や被保護者に対する自立支援がここ10年ほどの間に展開されてき

図表 7-7　生活保護受給者に対する就労支援施策

	支援対象者	就労支援施策	支援内容
ケースワーカーによる支援	全員	ケースワークによる就労支援＋適切な就労支援施策へ繋ぐ	家庭訪問等による生活状況の把握、求職活動状況の確認、助言、必要な支援に繋ぐための意欲喚起等
就労準備段階の支援	就労に向け準備が必要な者	被保護者就労準備支援事業	就労に向け一定の準備が必要な者への日常生活習慣の改善等の支援
就労支援員による支援	就労に向けて一定の支援が必要な者	被保護者就労支援事業（生活保護法55条の7）	就労支援員による就労に関する相談・助言、個別の求人開拓やハローワークへの同行等の支援
ハローワークによる支援	職業紹介で就労が可能な者	生活保護受給者等就労自立促進事業	ハローワークと福祉事務所が連携したチーム支援

就労までの段階的な支援施策

(出典) 厚生労働省「生活保護受給者に対する就労支援施策について」を一部加筆・改変のうえ引用

たのは、生活保護世帯の増加を食い止め、保護費を抑制することを主眼として、被保護者を早期に生活保護から脱却させ、生活困窮者を早期に経済的自立に導くことが喫緊に求められており、この点では一定の成果を挙げてきたといえる。だが、日常生活自立や社会生活自立に関する課題を抱える者に対する支援は、直ちに一般就労に結びつきにくいため、地域の支援体制の整備とともに、一人ひとりの状況に寄り添った丁寧な支援が行われなければならないだろう。

また、日常生活自立支援事業と被保護者に対する就労支援に関する各地域での実施状況にばらつきがみられることから、今後は地域間格差を解消するべく、各地域での取り組みを加速することも必要であろう。

なお、生活困窮者支援や就労支援がいわゆる「新たな**水際作戦**」として機能するのではないかという懸念は、運用上依然として残る。現に最低生活を下回る生活を送る者に対し必要な保護を行い、漏給を解消することが先決であるのは当然であり、生活保護制度を「利用しやすく自立しやすい制度へ」（報告書）と変革させる努力は継続していかなくてはならない。

第 8 章

生活保護の運営実施体制と関係機関・団体

1 国と地方自治体の役割

　生活保護は、国の責任において行われるものであるが、実際の制度運用は国と地方自治体（都道府県、市、町村）の役割分担の下で行われている。その際、実務上特に重要な役割を果たしているのが「**福祉事務所**」である。本章では、これらの機関の機能と役割、および現場で実際の制度運用にあたる専門職の役割について確認しておきたい。

国（厚生労働省）の役割、地方自治体との関係　　(1)　**国（厚生労働省）の役割**　　国の生活保護に関する事務は、**厚生労働省**の権限に属しており、厚生労働省は生活保護の基準を定め、生活保護行政を適正に運用する責任を負っている。

　厚生労働省内で生活保護の事務を所掌しているのは「社会・援護局」であり、その中の「保護課」と「自立推進・指導監査室」が必要な事務を行っている。

　このうち保護課は、「生活困窮者その他保護を要する者の保護に関する事務」（厚生労働省組織令11条4号）、すなわち生活保護法の施行と要保護者の事務を、自立推進・指導監督室は、「都道府県知事および市町村長が行う生活保護法の施行に関する事務についての監査およびこれに伴う指導に関する事務」（同102条1号）をそれぞれ行っている。

　(2)　**国（厚生労働省）と地方自治体の関係**　　厚生労働大臣は、生活保護の実施について、地方自治体の首長に対し「**法定受託事務**」の形でこれを委託している法定受託事務とは、地方自治体が行う事務のうち、法律に基づき国や他の自治体からの委託を受けて行うものをいう（なお、法定受託事務以外の事務を「自治

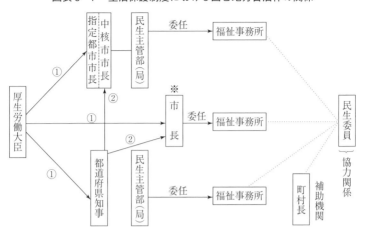

図表 8-1　生活保護制度における国と地方自治体の関係

①法定受託事務の委託、監査指導、技術的助言・勧告・是正の指示等。②監査指導、技術的助言・勧告・是正の指示等
※福祉事務所を管理する町村長は市長と同一の扱いとなる。
　（出典）『保護のてびき』（第一法規）平成30年度版

事務」という）。さらに、委託された首長は、保護の実施を福祉事務所長に委託している、という構図となっている（図表 8-1参照）。ただし、生活保護法27条の２に基づいて行われる指導・助言に関する事務だけは、地方自治体が個々の事例に対応する必要があることから「自治事務」とされている。

**地方自治体における
福祉事務所の設置**　説明の順序は前後するが、ここで地方自治体における福祉事務所の設置に関する社会福祉法の規定について確認しておきたい。それ自体が、生活保護に関する地方自治体の役割とも関連するためである。なお、福祉事務所の機能については、このあと項を改めて説明する。

　社会福祉法14条１項は、「都道府県及び市（特別区を含む）は、条例で、福祉に関する事務所を設置しなければならない」と規定している。なお、特別区とは、特別地方公共団体としての東京23区のことをいう。

　また、同条３項は「町村は、条例で、その区域を所管区域とする福祉に関する事務所を設置することができる」と規定している。

　ここにいう「福祉に関する事務所」とはいずれも福祉事務所のことを指すが、これらの条文から、地方自治体のうち都道府県および市は福祉事務所を必ず設置しなければならない（これを「義務設置」もしくは「必置義務」という）のに対し、町村については任意の設置（これを「任意設置」という）であることがわかる。町村の福祉事務所が任意設置とされている理由としては、規模の小さな自治体であることによる財政基盤の問題や、職員数の関係上、専門職を配置することが困難であることなどが挙げられる。事実、町村が設置している福祉事務所は全国で43ヶ所に過ぎず、ほとんどの町村に福祉事務所が設置されていない（2017年 4 月現在。なお、都道府県設置の福祉事務所は207ヶ所、市（特別区）設置のものは997ヶ所で、合計で全国に1247ヶ所となっている）。

　これらのうち、市および町村の設置する福祉事務所（これらを「**市部福祉事務所**」という。町村の設置する福祉事務所も、業務内容は市と同様であり、市部福祉事務所に分類されている）は、当該自治体の区域を所管する。一方、都道府県の設置する福祉事務所は、福祉事務所を設置していない町村の生活保護を担当しており、複数の町村を範囲とする「郡」に 1 ヶ所程度設置されている（これを「**郡部福祉事務所**」という）場合が多い。

都道府県（指定都市・中核市）の役割　都道府県（指定都市・中核市）は、法定受託事務として保護に関する事務を行うため、必要な部署を庁内に設置している（「保護課」「社会福祉課」等の名称の場合が多い）。都道府県（指定都市・中核市）の生活保護に関する事務は、主に以下の 8 つである。

　①福祉事務所に対する事務監査

　②保護施設の運営指導、立入検査

　③医療機関の指定、立入検査

　④医療費の審査、決定

　⑤介護機関の指定、立入検査

　⑥保護の決定実施に関する処分の不服申立ての裁決（指定都市および中核市を除く）

　⑦生活保護関係予算の編成および執行

⑧医療扶助審議会の運営に関する事項（中核市を除く）

　医療扶助審議会は、都道府県知事（指定都市市長を含む）の医療扶助その他保護の決定実施にあたっての医学的判断、その他医療扶助に関する諮問に答えるため等の附属機関として、国の医療扶助運営要領に基づき都道府県・指定都市に設置される機関である。

市（特別区）の役割

　上記のとおり、市は、社会福祉法の規定に基づき、条例により福祉事務所を設置し、生活保護に関する事務を行っている。1つの市に1ヶ所の福祉事務所を設置するのが基本であるが、人口の多い市や特別区などでは複数設置されているケースもあり、その場合、設置数や各市部福祉事務所が所管する区域は、当該市・特別区が制定する条例により規定されている。

　なお、市のうち指定都市と中核市は、生活保護法84条の2（大都市等の特例）により、生活保護に関する都道府県の事務の一部を処理するものとされている。

町村の役割

　福祉事務所を設置していない町村の町村長は、保護の実施機関とはならないが、生活保護法19条6項および7項の規定により、保護の実施に関して以下の役割を担うこととされている。

①その町村の区域内において、特に急迫した事由により放置することができない状況にある要保護者に対して、応急的処置として必要な保護を行う（生活保護法19条6項）

②要保護者を発見し、または被保護者の生計その他の状況の変動した場合には、速やかに郡部福祉事務所に通知する（同7項1号）

③保護の開始や変更の申請を受け取った場合は、5日以内に郡部福祉事務所に送付する（同2号）

④郡部福祉事務所に求められた場合、被保護者等に対して保護金品を交付する（同3号）

⑤郡部福祉事務所に求められた場合、要保護者に対する調査を行う（同4号）

民生委員の役割

　生活保護法22条は、「民生委員は、この法律の施行について、市町村長、福祉事務所長又は社会福祉主

事の事務の執行に協力するものとする」と規定し、民生委員を協力機関として位置づけている。事実、民生委員は、地域住民の生活上の相談などに応じる過程で福祉事務所を紹介するなど、生活保護の実施に関して重要な役割を担っている。

2　保護の実施機関——福祉事務所の役割

福祉事務所制度の創設　現在の福祉事務所制度は、1951年３月の社会福祉事業法施行の際に、同法により創設されたものであるが、その経緯には、現行生活保護法の制定が大きくかかわっている。

　1946年に施行された旧生活保護法は、戦前の救護法からの流れを受け、市町村を実施機関とするとともに、民生委員を市町村の補助機関と位置づけ、民生委員が保護受給者の相談援助にあたるものとしていた。

　しかし、当時のGHQ（連合国軍最高司令官総司令部）が、専門職ではない民生委員による相談援助は、生活保護の運用上好ましくないとの意向を示したこともあり、1949年９月の社会保障制度審議会「**生活保護制度の改善強化に関する件**」では、「市町村において生活保護に当る職員は、別に定める資格を有する職員でなければならない」とされ、民生委員については協力機関として位置づけるべき、との勧告がなされた。

　これを受け、翌1950年５月に施行された現行生活保護法では、新たに設けられた「**社会福祉主事**」が実施機関である市町村の補助機関として位置づけられた。さらにその翌年、上述の社会福祉事業法が制定され、同法内で「福祉に関する事務所（福祉事務所）」の設置、および福祉事務所への社会福祉主事の配置が規定されたことにより、現行の福祉現業機関の基盤が確立された。

福祉事務所の役割・業務　(1)　**福祉事務所の役割・業務**　福祉事務所の業務内容については、社会福祉法14条５項、６項に規定されている。

　５項は、都道府県の設置する福祉事務所（郡部福祉事務所）に業務について規定しており、生活保護法、児童福祉法、母子及び父子並びに寡婦福祉法に関す

図表 8-2　わが国の社会福祉の実施体制

国

民生委員・児童委員（230,739人）
（2017年3月現在）

社会保障審議会

都道府県（指定都市、中核市）
・社会福祉法人の認可、監督
・社会福祉施設の設置認可、監督、設置
・児童福祉施設（保育所除く）への入所事務
・関係行政機関及び市町村への指導等

身体障害者相談員（7,651人）

知的障害者相談員（3,375人）
（2017年4月現在）

地方社会福祉審議会
都道府県児童福祉審議会
（指定都市児童福祉審議会）

身体障害者更生相談所
・全国で77か所（2018年4月現在）
・身体障害者への相談、判定、指導

知的障害者更生相談所
・全国で86か所（2018年4月現在）
・知的障害者への相談、判定、指導

児童相談所
・全国で210か所（2017年4月現在）
・児童福祉施設入所措置
・児童相談、調査、判定、指導等
・一時保護
・里親委託

婦人相談所
・全国で49か所（2017年4月現在）
・要保護女子及び暴力被害女性の相談、判定、調査、指導等
・一時保護

都道府県福祉事務所
・全国で207か所（2018年4月現在）
・生活保護の実施等
・助産施設、母子生活支援施設への入所事務等
・母子家庭等の相談、調査、指導等
・老人福祉サービスに関する広域的調整等

市
・社会福祉法人の認可、監督
・在宅福祉サービスの提供等
・障害福祉サービスの利用等に関する事務

市福祉事務所
・全国で998か所（2018年4月現在）
・生活保護の実施等
・特別養護老人ホームへの入所事務等
・助産施設、母子生活支援施設及び保育所への入所事務等
・母子家庭等の相談、調査、指導等

町村
・在宅福祉サービスの提供等
・障害福祉サービスの利用等に関する事務

町村福祉事務所
・全国で43か所（2018年4月現在）
・業務内容は市福祉事務所と同様

福祉事務所数
（2018年4月現在）

郡部	207
市部	998
町村	43
合計	1,248

（出典）（『厚生労働白書 平成30年版』資料篇191頁）を一部改変

る業務をつかさどるものとされている。このため、郡部福祉事務所を「福祉三法事務所」と呼ぶことがある（ただし、昭和20年代の「福祉三法」とは異なる）。

　これに対し6項は、市部福祉事務所の業務について、生活保護法、児童福祉法、母子及び父子並びに寡婦福祉法、老人福祉法、身体障害者福祉法、知的障害者福祉法に関する業務をつかさどるものとしている。このため、市部福祉事務所を「福祉六法事務所」と呼ぶことがある。また、市部福祉事務所では、これ以外にも、介護保険法に関する事務、民生・児童委員、社会手当に関する業務、精神障害者への支援なども所管しているケースが多くみられる。

　このように、郡部福祉事務所と市部福祉事務所とでは、対象となる業務の範囲が異なっており、郡部福祉事務所の業務範囲に含まれていない老人福祉法、身体障害者福祉法、知的障害者福祉法については町村役場がその事務を担当している。

　(2)　**福祉事務所の現在と今後の課題**　　福祉事務所の業務内容には、歴史的にみて幾多の変遷があるが、上記で説明した現在の体制は、2000年4月の**社会福祉法**（社会福祉事業法の改正・改称）に基づくものである。

　この時期は、いわゆる社会福祉基礎構造改革による社会福祉制度の一大転換期にあたり、福祉サービス利用方式としての契約制度の導入など、福祉事務所が担当する福祉六法のうち、生活保護法を除く福祉五法も大きな変革を経験することとなった。これに伴い、市が独自に担当する福祉行政の業務と、市部福祉事務所の業務との整合をどのように図るかが大きな課題の1つとなっている。

　また、郡部福祉事務所についても、いわゆる「平成の大合併」により自治体の合併が進んだ結果、福祉事務所の統廃合や保健所との一体化とそれに基づく組織改編などの変化がみられている。

福祉事務所の組織　(1)　**福祉事務所の組織運営体制**　　図表8-3は、人口10万人の場合の市部福祉事務所の標準組織図を示したものである。生活保護を担当する「保護課」とそれ以外の福祉五法を担当する「福祉課」のほか、相談支援業務を行う「相談室」、福祉六法以外の社会福祉行政を担当する「社会課」などから構成されるのが基本である。

　ただし、福祉事務所は条例に基づき設置されるため、その設置の態様は必ず

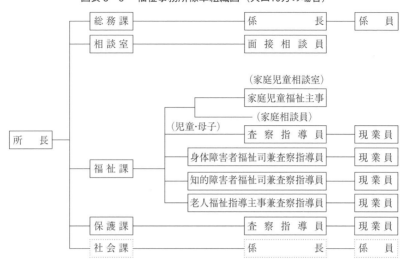

図表 8 - 3　福祉事務所標準組織図（人口10万の場合）

（出典）社会福祉法令研究会編『社会福祉法の解説』（中央法規出版、2001年）124頁

しもこの標準組織図どおりとは限らず、自治体によりかなり異なっている。自治体によっては、行政機構図に「福祉事務所」の名称がみられず、部局の複数の課をもって福祉事務所としているなどの例も多い。

　(2)　**福祉事務所の職員**　　福祉事務所の職員については、社会福祉法15条に規定されている。

　15条に規定されているのは、**所長、指導監督を行う職員**（**査察指導員**・社会福祉主事）、**現業を行う職員**（**現業員**・社会福祉主事）、**事務を行う職員**であり、その職務内容は図表 8 - 4 のとおりである。

　これらの職員のうち、**現業員**（いわゆる**ケースワーカー**）の定数については、社会福祉法16条の規定に基づき、当該福祉事務所管内の被保護世帯数を算定基準として定められており、その内訳は図表 8 - 5 のとおりである。指導監督を行う所員（**査察指導員**）の定数については、法律上の定めはないが、行政指導により、少なくとも 1 つの福祉事務所に 1 名の査察指導員を配置することとされており、さらに、現業員 7 名に対し 1 名を配置することが望ましいとされている。

図表 8-4　福祉事務所の所員の職務（社会福祉法15条）

1. 所の長	都道府県知事又は市町村長（特別区の区長を含む。）の指揮監督を受けて、所務を掌理する。
2. 指導監督を行う所員（査察指導員）（社会福祉主事）	所の長の指揮監督を受けて、現業事務の指導監督を司る。
3. 現業を行う所員（現業員）（社会福祉主事）	所の長の指揮監督を受けて、援護、育成又は更生の措置を要する者等の家庭を訪問し、又は訪問しないで、これらの者に面接し、本人の資産、環境等を調査し、保護その他の措置の必要性の有無及びその種類を判断し、本人に対し生活指導を行う等の事務を司る。
4. 事務を行う所員	所の長の指揮監督を受けて、所の庶務を司る。

（出典）厚生労働省ホームページを一部改変

　また、生活保護法以外の福祉五法現業員についても、法律の定めはないが、行政指導に基づき、老人福祉の業務に従事する社会福祉主事、身体障害者福祉司、知的障害者福祉司などが配置されている。

　生活保護の現業員の定数については、保護受給世帯数が依然として高水準にあることや、対応困難事例の増加などにより現業員1名当たりの負担が重くなっていることに伴う絶対数の不足が指摘されている。例えば、市部福祉事務所では、現業員1名当たり80世帯を担当することが想定されているが、実際には1名で100以上の世帯を担当しているケースも珍しくない。

生活保護を担う専門職の役割

(1) **社会福祉主事としての現業員・査察指導員**　生活保護の現場で実務を担当するのが、現業員と査察指導員である。これらの職員は「社会福祉主事」でなければならない旨が、社会福祉法16条6項に規定されている。

図表 8-5　福祉事務所の現業員の定数（社会福祉法16条）

設置主体の区分	現業員の標準定数	標準定数に追加すべき定数
都道府県（郡部）	被保護世帯が390以下の場合　6名	65を増すごとに　1名
市（市部）	被保護世帯が240以下の場合　3名	80を増すごとに　1名
町村	被保護世帯が160以下の場合　2名	80を増すごとに　1名

（出典）厚生労働省ホームページを一部改変

そのうえで、生活保護における社会福祉主事の役割については、生活保護法21条に「社会福祉主事は、この法律の施行について、都道府県知事又は市町村長の事務の執行を補助するものとする」と規定され、補助機関としての位置づけがなされている。すなわち、現業員・査察指導員は、補助機関という立場で、生活保護の決定・実施にかかわる行政処分を行う立場にある。

　そのような立場にある社会福祉主事については、行政機関の職員であって、「年齢二十年以上の者であつて、人格が高潔で、思慮が円熟し、社会福祉の増進に熱意がある者」で、一定の形式要件（大学等において指定科目を修めて卒業した者、指定の講習会を修了した者、社会福祉士等）を満たしたもの（社会福祉法19条）とされ、法の期待する専門職としての資質が示されている。

　(2)　**現業員の役割**　　**現業員**の役割は、社会福祉法15条４項に規定されており、その職務内容は図表８-４に記載のとおりである。

　より具体的には、生活保護における最低生活保障と自立助長という２つの目的を達成するため、保護に関する相談、申請の段階から要保護者にかかわり、その後も訪問活動を通じて世帯の状況把握を行い、援助方針を立てたうえで必要な支援を行うのが、現業員の役割ということになる。社会福祉法は、このような職務の内容を「事務」と表現しているが、その具体的な内容は、金銭給付等の経済的支援と、相談援助等のソーシャルワークを基盤とする対人援助サービスとが含まれ、通常の行政事務とは異なる、独自の専門性を有するものとなっている。なお、現業員は、現場では「ケースワーカー」と呼ばれることが多いが、この呼称も、上記のような現業員の役割を反映したものといえるであろう。

　(3)　**査察指導員の役割**　　**査察指導員**の役割は、社会福祉法15条３項に規定されており、その職務内容は図表８-４に記載のとおりである。

　より具体的には、現業員が、生活保護の事務を行うにあたって必要な知識や技術を身につけるとともに、法の理念や規定、各種の通知等に則って適切な業務を行うことができるよう、「**教育的機能**」、「**管理的機能**」、「**支援的機能**」という、スーパービジョンの３つの機能を通じて支えていく、スーパーバイザーとしての業務や役割が求められているとされている。

第 **9** 章

生活保護と財政

1　生活保護費の基本的性格

国 の 財 政 責 任　　生活保護は、**憲法25条**に規定する理念に基づき、国が生活に困窮する国民の最低限度の生活の保障を国家責任において実施するため、財源としても国が多くの負担をすることになっている。

　生活保護の費用は、国の財政において、国が負担すべき額が**生活保護費**として厚生労働省所管予算として計上される。厚生労働省の予算作成にあたっては、厚生労働省が次の会計年度の概算要求を作成し、厚生労働大臣の名前で財務省に提出する。財務省はそれを予算編成方針に基づいて検討、調整し、財務省原案としてまとめたうえで、内閣に提出する。これが閣議決定された際に、政府原案と呼ばれる予算案となり、国会の議決を経て予算が成立する。生活保護費はこの予算に盛り込まれるが、生活保護費と他の予算とではその性格を異にする点がある。

　通常、国の一般事業は、予算によって事業の規模または運営が拘束されることが多い。しかし、生活保護制度は憲法25条の**「健康で文化的な最低限度の生活」**を国民に保障するためのものであり、厚生労働大臣が定める保護の基準によって保護を要すると認められた者に対する正当な支弁である限りは、国がその負担を逃れることはできないという基本的性格をもっている。まして、要保護者に保護の請求権が法律上の権利として付与されている以上、予算の不足や政治的な背景を理由として、必要な保護を実施しないことは許されない。

図表9-1　国の生活保護関連予算額（当初）

年度	社会保障関係費（億円）	生活保護費（億円）	社会保障関係費に占める割合（%）
1990	116,154	11,087	9.5
1995	139,244	10,532	7.6
2000	167,666	12,306	7.3
2005	203,808	19,230	9.4
2010	272,686	22,388	8.2
2015	315,297	29,042	9.2
2018	329,732	※29,649	9.0

※2018年度は、「医療給付費」、「介護給付費」、「生活扶助等社会福祉費」内にそれぞれ計上された「生活保護等対策費」の合計
（出典）厚生労働省「平成30年版厚生労働白書」を基に筆者作成

　もちろん、生活保護費の予算を計上するにあたっては、対象人員、扶助費単価などを綿密に予測して妥当な予算額を計上すべきであることはいうまでもないが、生活保護の性質から、社会経済状態の変動によってその経費が予測しがたい動向を示すこともありうることから、生活保護費は財政法上の規定のうえでも「法律上国の義務に属する経費」として、予算に不足が生じたときは、補正予算を計上することになっている（財政法29条）。また、予備費の使用についても手続上の特例が講じられ、閣議決定を必要とせず、財務大臣が決定することができることになっている。

　国の生活保護関連予算額と、それが社会保障関係費に占める割合は図表9-1のとおりである。被保護世帯数の増加に伴って、生活保護費の予算規模は増加している。

地方公共団体の財政責任

　生活保護の決定や実施の事務は、住民に最も身近な地方公共団体が法定受託事務として行っている。地方公共団体のうち、福祉事務所の設置義務が課せられている都道府県および市ならびに福祉事務所を設置している町村は、生活保護の費用の一部を負担している。福祉事務所を設置していない町村は、生活保護の費用負担はなく、その町村を管轄する都道府県が費用を負担している。

　地方公共団体の財政については、地方交付税交付金によって財源の均衡化が図られており、生活保護に要する費用も、他の財政需要とあわせて一定の基準に従って算入されている。また、国と同様に、厚生労働大臣が定める保護の基

準によって保護を要すると認められた者に対する正当な支弁である限りは、地方公共団体がその支弁を回避することはできない。

2　生活保護に関する費用

生活保護を実施するにあたり、必要となる費用は次のとおりである。

保護費　被保護者に対する給付に必要な費用であり、生活、教育、住宅、医療、介護、出産、生業、葬祭の各扶助として支給される額である。なお、保護施設入所にかかる被保護者の生活扶助費は、施設の長に交付することも認められており、保護施設事務費とは区分されて保護費に属している。

保護施設事務費　被保護者が保護施設に入所した場合、その施設に支出される経費であり、おもに施設職員の人件費、運営管理費などを賄うものとなっている。

委託事務費　被保護者を保護施設以外の施設（福祉施設や病院など）や私人の家庭に委託し保護した場合に支払われる事務費である。

保護施設の施設整備費、設備整備費　保護施設を新設する場合に必要な経費のほか、施設の改築や拡張、修繕費、器具などの施設および設備の整備に必要な費用である。

就労自立給付金の支給に要する費用　被保護者の自立の助長を図るため、安定した職業に就いたことその他の事由により保護を必要としなくなった者に対して支給する就労自立給付金のための費用である。

被保護者就労支援事業の実施に要する費用　保護の実施機関は、就労の支援に関する問題につき、被保護者からの相談に応じ、必要な情報の提供および助言を行う事業を実施するが、その際の費用である。

法の施行に伴い必要な地方公共団体の人件費　生活保護の決定実施にあたる都道府県、指定都市、中核市本庁の関係職員および福祉事務所の職員の給与その他の手当である。また、保護の実施機関に対して協力義務を果たす町村

長の下で関係事務に従事する職員の人件費も含まれる。

**法の施行に伴い必要な
その他の行政事務費** 生活保護の決定実施にあたる実施機関の職員の活動
旅費、事務に必要な消耗品費、通信運搬費および福
祉事務所嘱託医手当などが中心となる。また、都道府県、指定都市本庁職員に
よる指導監督に伴う経費も含まれる。

3　生活保護費の支弁と負担

**市 町 村 ま た は
都 道 府 県 に よ る
費 用 の 支 弁** 市町村または都道府県は、その長が保護の実施機関
として保護を行った場合に、その保護費、保護施設
事務費、委託事務費、就労自立給付金の支給に要す
る費用、被保護者就労支援事業の実施に要する費用を支弁しなければならな
い。このほか、その長が設置する保護施設の設備費を支弁しなければならな
い。

**都 道 府 県 に よ る
費 用 の 負 担** 都道府県は、福祉事務所を設置していない町村の被
保護者につき、保護費、保護施設事務費、委託事務
費、就労自立給付金費および被保護者就労支援事業にかかる費用の4分の1、
および居住地がないか、または明らかでない被保護者につき、市町村が支弁し
た保護費、保護施設事務費、委託事務費および就労自立給付金費の4分の1を
負担する。これは、居住地のない要保護者の保護を嫌って地方公共団体間で押
し付け合いにならないように、都道府県が費用負担するという趣旨である。た
だし、居住地が決まれば、居住地を所管する実施機関が保護を行うこととな
る。また、都道府県は、市町村が設置した保護施設の設備費の4分の1を負担
する。

国による費用の負担 国は、市町村および都道府県が支弁した保護費、保
護施設事務費、委託事務費、就労自立給付金費およ
び被保護者就労支援事業にかかる費用の4分の3、保護施設設備費の2分の1
を負担する。なお、法の施行に伴う人件費や行政事務費は、生活保護法の規定
のうえでは国の負担が規定されていないが、これらの経費は、地方交付税交付

> **コラム9-1　生活保護費の国の負担割合の変遷**
>
> 　一般に社会福祉サービスにおける国庫負担割合は2分の1であるが、生活保護は、国民の健康で文化的な最低限度の生活を国家責任において保障するための制度であり、その国家責任を費用面でも果たすため、生活保護費の国庫負担割合は4分の3とされている。
>
> 　この国庫負担割合について、現行の生活保護法の施行当初、国庫負担は10分の8であったが、1985年度に暫定的に10分の7に引き下げられた後、1989年度に現在の4分の3に恒久化された。なお、2004年11月の「三位一体の改革について」（政府・与党合意）を受け、2005年4月に発足した「生活保護費及び児童扶養手当に関する関係者協議会」で、国は国庫負担の負担を現行の4分の3から3分の2または2分の1への引き下げを提案したが、負担増となる地方公共団体側が反発し、結局国庫負担の引き下げは見送られた。

金に財政措置されている。

　保護施設に対する補助　都道府県は、その地域の実情を鑑みて、社会福祉法人または日本赤十字社が設置する保護施設の修理、改造、拡張または整備に要する費用の4分の3以内を補助することができる。また、国は、都道府県が保護施設の設置者に対して補助した金額の3分の2以内を補助することができる。

4　保護費の総額と扶助別支出

　保護費の総額と扶助別支出　保護費の総額は2017年度で3兆6611億円である。扶助別支出は医療扶助が1兆7810億円（48.6%）と最も多く、次いで生活扶助が1兆1570億円（31.6%）、住宅扶助5978億円（16.3%）、介護扶助884億円（2.4%）、その他の扶助370億円（1.0%）と続く。医療扶助の割合が高い背景には、傷病を理由とする保護開始世帯が多いこと、被保護者は国民健康保険や後期高齢者医療制度の被保険者とならないことが挙げられる。

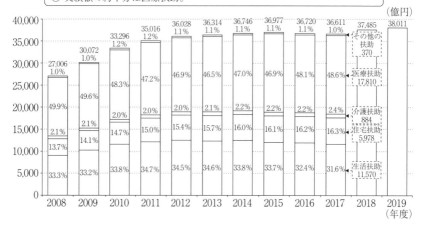

図表 9−2　生活保護費負担金（事業費ベース）実績額の推移

○ 生活保護費負担金（事業費ベース）は3.8兆円（2019年度当初予算（案））。
○ 実績額の約半分は医療扶助。

資料：生活保護費負担金事業実績報告

※1　施設事務費を除く
※2　2017年度までは実績額（2017年度は暫定値）、2018年度は補正後予算額、2019年度は当初予算
　　額（案）
※3　国と地方における負担割合については、国3／4、地方1／4
　（出典）厚生労働省社会・援護局関係主管課長会議資料2019年3月5日を筆者一部修正

第10章

他の低所得者対策

1　ホームレス自立支援法と新たな基本方針

ホームレス自立支援法と
ホームレスの実態　1990年代のバブル崩壊と2008年のリーマンショック
は、日本の景気に大きな影響を与えた。長期間にわ
たる景気低迷は労働環境・雇用環境の悪化を引き起こし、私たちの生活を不安
定にする要因となった。その後、貧困・低所得者問題は**ホームレス**や年越し派
遣村、ネットカフェ**難民**、ワーキングプアという形で顕著となり、大きな社会
問題へと繋がっていった（第2章参照）。

　1999年厚生労働省は「ホームレスの自立支援方策に関する研究会」を発足し、
同研究会は2000年3月報告書を提出した。同年、利用者の就労自立を目的とし
たホームレス自立支援事業（自立センター）も開始された。2002年7月「ホー
ムレスの自立の支援等に関する特別措置法」が制定され、同年8月7日公布・
施行された（以下、ホームレス自立支援法とする）。同法は当初10年間の時限立法
であったが（施行後5年で見直し）、2012年6月に5年間延長、2017年6月には
さらに10年間延長されている。

　ホームレス自立支援法の目的は「この法律は、自立の意思がありながらホー
ムレスとなることを余儀なくされた者が多数存在し、健康で文化的な生活を送
ることができないでいるとともに、地域社会とのあつれきが生じつつある現状
にかんがみ、ホームレスの自立の支援、ホームレスとなることを防止するため
の生活上の支援等に関し、国等の果たすべき責務を明らかにするとともに、
ホームレスの人権に配慮し、かつ、地域社会の理解と協力を得つつ、必要な施

策を講ずることにより、ホームレスに関する問題の解決に資することを目的とする。」ことである（1条）。

　ホームレスの定義については「この法律において『ホームレス』とは、都市公園、河川、道路、駅舎その他の施設を故なく起居の場所とし、日常生活を営んでいる者をいう。」としている（2条）。またホームレス自身が、自らの自立に努めること（4条）、国や地方公共団体の責務も明記され（5条・6条）、「国民は、ホームレス施策に関する問題について理解を深めるとともに、地域社会において、国及び地方公共団体が実施する施策に協力すること等により、ホームレスの自立の支援等に努めるものとする（7条）。」とする。つまりホームレスの問題は他人事ではなく、国民も地域社会の中で国および地方公共団体が実施する施策に向き合い、協力することが求められている。

　2018年7月に厚生労働省が公表した「ホームレスの実態に関する全国調査（概数調査）の結果」によると、全国のホームレス数は4977人（男性4607人、女性177人、不明193人）であり、昨年調査より557人減少している。ホームレス数は最も多い順に東京都、大阪府、神奈川県で、東京都23区および政令指定都市だけで全体の3／4を占めている。

　2017年9月に厚生労働省が公表した「ホームレスの実態に関する全国調査（生活実態調査）の結果」によると、ホームレスの男女比は男性が96.2％を占め、全体の平均年齢は61.5歳、路上生活の期間は10年以上が34.6％となっている。仕事をしている者の平均収入は約3.8万円で、前回の調査（2012年1月）より0.3万円高い。調査結果から、ホームレスの高齢化や路上生活期間の長期化が一層進んでいること、また定まった住居を喪失して簡易宿泊所や終夜営業の店舗等で寝泊まりする等、不安定な居住環境で路上と屋根のある場所とを行き来している層の存在が明らかになった。福祉制度の周知・活用に関する数値については、**生活保護制度**やホームレス対策、また2015年4月から施行されている**生活困窮者自立支援法**に基づく各事業（生活困窮者自立相談支援事業や一時生活支援事業等）の利用による効果から、前回の調査より上昇している（第7章参照）。またシェルターや自立支援センターの周知度・利用度と利用意向に関する数値については、ともに路上生活期間が短いほどそれらの割合が高い傾向にある。

　ホームレスの問題はホームレス個人の問題だけでなく、その背景には労働（雇用）関係や家族関係、そして地域社会との多様かつ複雑な問題が存在している。福岡市内で社会福祉法人やNPO法人がボランティアで実施しているホームレスへの炊き出し支援には、男性や高齢のホームレスだけでなく、若者や女性のホームレスも多数支援を受けている。ホームレス一人一人のニーズを的確に把握して、生活保護法や生活困窮者自立支援法、ホームレス対策以外の低所得者対策による包括的な自立支援が求められている。

ホームレスの自立の支援等に関する基本方針　ホームレスの実態に関する全国調査を踏まえて、2003年7月「ホームレスの自立の支援等に関する基本方針」が告示された（以下、基本方針とする）。厚生労働大臣および国土交通大臣は、ホームレスの現状を把握して具体的な基本方針を策定することになったのである（ホームレス自立支援法8条2項）。就労の観点からはトライアル雇用事業、ホームレス等就業支援事業、日雇労働者等技能講習事業が実施され、福祉の観点からはホームレス総合相談推進事業、宿所および食事の提供や職業相談等を行うホームレス自立支援事業、ホームレス緊急一時宿泊事業が実施された。このように雇用、保健医療、福祉および住宅等の各分野における施策が総合的に推進されたのである。

　2013年7月の基本方針では、ホームレスが自らの意思で安定した生活を営めるよう支援することが基本とされた。そして就業の機会が確保されることは最も重要であり、あわせて安定した居住の場所が確保されることが必要と明記された。2015年2月の基本方針では、生活困窮者自立支援法の施行に伴い、ホームレス自立支援対策は同法の一時生活支援事業、自立相談支援事業等を活用することとされた。

　最新の2018年7月の基本方針では、全国調査で把握された現状を踏まえて、生活困窮者自立支援法に基づく支援が今後もよりその効果を発揮するために、ホームレスの自立の支援等に関する国としての基本的な方針を、国民、地方公共団体および関係団体に明示している。またホームレスやホームレスとなることを余儀なくされるおそれのある者の自立を積極的に促すとともに、新たにホームレスとなることを防止し、地域社会におけるそれらの者に関する問題の

解決を図ることを目指している。

2　子どもの貧困対策の推進に関する法律

子どもの貧困 日本における**子どもの貧困対策**は、児童福祉法、児童扶養手当法、生活保護法等による金銭やサービスの給付により実施されていた。しかし、子どもを取り巻く教育現場や家庭環境について「生活困窮」に焦点を絞り込んでいくと、その根底には子どもを養育している保護者の労働環境（非正規雇用、低賃金、ワーキングプア等）や健康状態（疾病、メンタルヘルス等）、地域社会（孤立化、無縁化）と密接に関連していることが明らかになってきた。今や子どもの貧困問題は、子どもだけでなく保護者の生活・雇用実態までを含めた総合的かつ多角的な対策を講じる必要がある（第2章参照）。

2018年8月内閣府「子供の貧困に関する指標の推移」によれば、2017年の子どもの**貧困率**（17歳以下のうち、等価可処分所得が貧困線に満たない子どもの割合）は13.9％であり、2012年の調査結果（16.3％）より減少している（図表10-1）。また子どもだけでなく「ひとり親家庭の親の就業率（父子家庭・母子家庭）」と「子供がいる現役世帯のうち大人が一人の貧困率」についても公表されている。

子どもの貧困対策の
推進に関する法律 2013年6月「子どもの貧困対策の推進に関する法律」が成立した（2014年1月施行）。同法は「貧困」という言葉を冠する初めての法律であり、その目的を「この法律は、子どもの将来がその生まれ育った環境によって左右されることのないよう、貧困の状況にある子どもが健やかに育成される環境を整備するとともに、教育の機会均等を図るため、子どもの貧困対策に関し、基本理念を定め、国等の責務を明らかにし、及び子どもの貧困対策の基本となる事項を定めることにより、子どもの貧困対策を総合的に推進することを目的とする。」としている（1条）。特別の機関として内閣府に子どもの貧困対策会議を置き（15条）、会長は内閣総理大臣とした（16条2項）。国は子どもの貧困対策に対して内閣府はもちろんのこと、文部科学省や厚生労働省とも連携しながら、本格的に取り組む姿勢を示したの

である。

　2014年8月には「**子供の貧困対策に関する大綱**」が閣議決定され、おおむね5年ごとに見直しが検討されることになった（8条）。この大綱を勘案して都道府県は、当該都道府県における子どもの貧困対策についての計画を定めるよう努めることとされている（9条）。2016年度ひとり親家庭の子どもの進学率（高等学校卒業後）は58.5％で、大綱策定時の41.6％より増加している。またスクールソーシャルワーカーの配置人数（2016年度実績1780人）とスクールカウンセラーの配置率（2016年度実績、小学校58.6％、中学校88.4％）も増加している。このように子どもの貧困問題を取り巻く学校現場の「環境の整備」については、一定の成果が表れている（図表10-1）。

　2018年10月、福岡市は学校事務職員定数を活用して「拠点校スクールソーシャルワーカー」を採用することを発表した（全国初）。2018年度、福岡市は指定都市最多の69名（相談件数2786件）の嘱託スクールソーシャルワーカーを全中学校区に配置しているが、2017年12月の福岡市特区提案を受けて、正規の学校事務の「拠点校スクールソーシャルワーカー」を募集・採用するとしたのである。教育・心理・福祉の専門スタッフが連携して、子どもを取り巻く様々な課題に対応するチーム学校体制の充実が期待されている。

就 学 援 助 制 度　学校教育法は「経済的理由によって、就学困難と認められる学齢児童生徒の保護者に対しては、市町村は、必要な援助を与えなければならない。」と規定している（19条）。同法に基づく制度として**就学援助制度**があり、国と自治体が支援を行う。対象者は、要保護者（生活保護法6条2項）と準要保護者（市町村教育委員会が、生活保護法6条2項に規定する要保護者に準ずる程度に困窮していると認める者）である。ただし準要保護者の認定基準は、各市町村が規定している。2015年度の要保護者は約14万人、準要保護者は約133万人である。

　例えば福岡市における就学援助制度の支給項目は、給食費、学用品費等、入学準備金、修学旅行費、社会科見学費、校外活動費（宿泊を伴うもの）、卒業記念品費、体育実技用具費（柔道着のみ）、通学費、災害給付金である。制度の対象は①生活保護の廃止・停止を受けたが、なお経済的に困っている人、②市民

税が非課税であるか、または減免の適用を受けている人、③国民年金、または国民健康保険の保険料の全額減免を受けている人、④職業安定所登録の日雇い労働者の人、または生活福祉資金貸付制度の貸付を受けている人、⑤ひとり親家庭などで、児童扶養手当を受けている人、⑥保護者の市民税所得割額の合計が、基準額以下である人、⑦①～⑥にはあたらないが、特別な事情により、前年に比べて収入が減少し、認定基準以下の状態にあると認められる人のいずれか1つに該当する世帯としている。ただし、ひとり親家庭等の場合を除いて、保護者である父母が同じ要件に該当する必要がある。生活保護世帯については、教育扶助の対象にならない修学旅行費と医療費が就学援助の対象となっている。

　2013年の生活保護基準部会報告書を踏まえて、**生活扶助基準**が見直され、同年8月から生活扶助の基準額は平均すると全体として引き下がった。この基準に連動している就学援助制度の対象者は、影響を受けてしまうことから、2013年当初に要保護者として就学支援を受けていた者等については、基準の見直し以降も引き続き国の補助対象となっている（2018年度国庫補助率1／2、予算の範囲内で補助、予算額約6.5億円）。2016年度における「毎年度の進級時に学校で就学援助制度の書類を配付している市町村の割合」は75.3％、「入学時に学校で就学援助制度の書類を配付している市町村の割合」は73.1％となっている（図表10-1）。就学援助制度の周知方法は、各市町村(実施主体)によって異なるが、必要としているすべての子どもが利用できるように周知は徹底されなければならない。

3　生活福祉資金貸付制度

生活福祉資金貸付制度と民生委員　生活福祉資金貸付制度は、65歳以上の高齢者の属する世帯や身体障害者手帳、療育手帳、精神障害者保健福祉手帳の交付を受けた者の属する世帯、金融機関などから金銭を借りることができない低所得者世帯等に対して、資金の貸付と必要な援助指導を行うことにより、その経済的自立および生活意欲の助長促進並びに在宅福祉および社

会参加の促進を図り、安定した生活を送れるようにする制度である。この制度は貸付のみを行うのではなく、貸付とあわせて相談支援も行うことに大きな意義がある。そして、社会福祉法2条に規定されている「生活困窮者に対して無利子又は低利で資金を融通する事業」に該当するものとして、第1種社会福祉事業に位置付けられている。公益性が高い事業のため、1955年度の制度発足時から、実施主体は都道府県社会福祉協議会である（ただし、業務の一部は市区町村社会福祉協議会に委託することができる）。対象者は生活保護を受給するまでにはいかないが、それに近いいわゆるボーダーラインの低所得者である。財源は全額公費（税金）であるため、適切な審査が必要とされる。生活保護制度と異なり資金を「貸し付ける」制度であるため、借りた金銭は償還（返済）しなければならない。

　生活福祉資金貸付制度の前身は、世帯更生資金貸付制度である。当時、生活保護基準ぎりぎりのいわゆるボーダーライン層といわれた人の多くは、稼働していた。しかし不安定雇用や低賃金という低所得者であったため、このボーダーライン層（低所得者層）に対する自立更生のための貸付資金が求められたのである。旧生活保護法まで、**民生委員**は公的扶助の補助機関に位置づけられていた（現行法からは協力機関）。民生委員は、厚生労働大臣からの委嘱を受けて地域住民の相談や援助・支援を行うため、生活困窮の相談を受けると生活福祉資金貸付制度を周知し、市区町村社会福祉協議会（生活福祉資金貸付担当者）へ繋げる。そのため都道府県社会福祉協議会、市区町村社会福祉協議会、民生委員の連携と相談支援体制の一層の充実が求められている。

生活福祉資金貸付制度の概要　生活福祉資金貸付制度の貸付対象は、**低所得者世帯**（資金の貸付にあわせて必要な支援を受けることにより、独立自活できると認められる世帯であって、必要な資金を他から借り受けることが困難な世帯：市町村民税非課税程度）、障害者世帯（身体障害者手帳、療育手帳、精神障害者保健福祉手帳の交付を受けた者（現に障害者総合支援法によるサービスを利用している等これと同程度と認められる者を含む）の属する世帯）、高齢者世帯（65歳以上の高齢者の属する世帯（日常生活上療養または介護を要する高齢者等））である。このように生活福祉資金は、原則として個人ではなく世帯を単位として貸付けてい

図表10-1　子供の貧困対策に関する大綱（2014年8月29日閣議決定）に記載した25の
指標の現状

指標	大綱策定時	直近値
生活保護世帯に属する子供の 高等学校等進学率	90.8% （2013年4月1日現在）	93.6% （2017年4月1日現在）
生活保護世帯に属する子供の 高等学校等中退率	5.3% （2013年4月1日現在）	4.1% （2017年4月1日現在）
生活保護世帯に属する子供の 大学等進学率	32.9% （2013年4月1日現在）	35.3% （2017年4月1日現在）
児童養護施設の子供の進学率 （中学校卒業後）	96.6% （2014年5月1日現在）	98.1% （2017年5月1日現在）
児童養護施設の子供の進学率 （高等学校卒業後）	22.6% （2014年5月1日現在）	27.1% （2017年5月1日現在）
ひとり親家庭の子供の就園率 （保育所・幼稚園）	72.3% （2011年度）	73.4% （2016年度）
ひとり親家庭の子供の進学率 （中学校卒業後）	93.9% （2011年度）	96.3% （2016年度）
ひとり親家庭の子供の進学率 （高等学校卒業後）	41.6% （2011年度）	58.5% （2016年度）
スクールソーシャルワーカーの 配置人数	1008人 （2013年度実績）	1780人 （2016年度実績）
スクールカウンセラーの配置率 （小学校）	37.6% （2012年度実績）	58.6% （2016年度実績）
スクールカウンセラーの配置率 （中学校）	82.4% （2012年度実績）	88.4% （2016年度実績）
就学援助制度に関する周知状況 （毎年度の進級時に学校で就学援助制 度の書類を配付している市町村の割 合）	61.9% （2013年度）	75.3% （2016年度）
就学援助制度に関する周知状況 （入学時に学校で就学援助制度の書類 を配付している市町村の割合）	61.0% （2013年度）	73.1% （2016年度）
日本学生支援機構の奨学金の貸与基 準を満たす希望者のうち、奨学金の 貸与を認められた者の割合（無利子）	予約採用段階 40.0% 在学採用段階 100.0% （2013年度実績）	予約採用段階 78.0% 在学採用段階 100.0% （2017年度実績）

	予約採用段階 100.0% 在学採用段階 100.0% （2013年度実績）	予約採用段階 100.0% 在学採用段階 100.0% （2017年度実績）
日本学生支援機構の奨学金の貸与基準を満たす希望者のうち、奨学金の貸与を認められた者の割合（有利子）		
生活保護世帯に属する子供の就職率 （中学校卒業後）	2.5% （2013年4月1日現在）	1.3% （2017年4月1日現在）
生活保護世帯に属する子供の就職率 （高等学校等卒業後）	46.1% （2013年4月1日現在）	47.9% （2017年4月1日現在）
児童養護施設の子供の就職率 （中学校卒業後）	2.1% （2014年5月1日現在）	1.1% （2017年5月1日現在）
児童養護施設の子供の就職率 （高等学校卒業後）	69.8% （2014年5月1日現在）	67.2% （2017年5月1日現在）
ひとり親家庭の子供の就職率 （中学校卒業後）	0.8% （2011年度）	1.7% （2016年度）
ひとり親家庭の子供の就職率 （高等学校卒業後）	33.0% （2011年度）	24.8% （2016年度）
ひとり親家庭の親の就業率 （母子家庭）	80.6% （2011年度）	81.8% （2016年度）
ひとり親家庭の親の就業率 （父子家庭）	91.3% （2011年度）	85.4% （2016年度）
子供の貧困率	16.3% （2012年）	13.9% （2015年）
子供がいる現役世帯のうち大人が一人の貧困率	54.6% （2012年）	50.8% （2015年）

（出典）内閣府「子供の貧困に関する指標の推移」http://www8.cao.go.jp/kodomonohinkon/yuushikisya/k_8/pdf/ref1.pdf（最終参照日：2018年10月27日）を筆者一部修正

る。

　制度発足時、貸付資金の種類は自立に向けた職業に関わる費用として、生業資金、支度資金、技能習得資金の3種類のみであった。しかし社会情勢や経済情勢、国民生活の変化に伴い貸付の種類は統合・改編され、2009年10月からは①総合支援資金（生活支援費、住居入居費、一時生活再建費）、②福祉資金（福祉費、緊急小口資金）、③教育支援資金（教育支援費、就学支度費）、④不動産担保型生活資金（不動産担保型生活資金、要保護世帯向け不動産担保型生活資金）の4種類となっ

ている。総合支援資金の生活支援費は、生活再建までの間に必要な生活費用を12ヶ月以内で貸し付け、福祉資金の緊急小口資金は、緊急かつ一時的に生計の維持が困難となった場合に貸し付ける少額の費用（貸付限度額10万円以内）である。

　生活福祉資金の種類と貸付条件は、図表10-2のとおりである。原則、連帯保証人を必要とするが、立てない場合も貸付は可能である（連帯保証人を立てる場合は無利子、立てない場合は年1.5％の貸付利子）。ただし、緊急小口資金と教育支援資金は無利子である。不動産担保型生活資金の貸付利子は、年3％または長期プライムレートのいずれか低い利率である。福祉資金、教育支援資金、不動産担保型生活資金の借入れを希望する場合、市区町村社会福祉協議会に相談・申込むと市区町村社会福祉協議会と都道府県社会福祉協議会は申込み内容を確認して貸付の審査を実施する。貸付決定となった場合、申込者は都道府県社会福祉協議会に借用書を提出して、貸付金の交付を受けることができる。

　2016年度の全資金の貸付決定件数は2万8386件で、前年度に比べて1396件の減（4.7％減）となっている（ただし、緊急小口資金の件数に、熊本地震における特例貸付分は含まれていない）。総合支援資金は1121件で、前年度より45.5％減少しているが、これは償還率と家計相談支援事業（生活困窮者自立支援制度）の効果といえる。

　最近、低所得の高齢者世帯や要保護の高齢者世帯に対して、一定の居住用不動産を担保として生活資金を貸し付ける「不動産担保型生活資金」の活用が、特に都市部で注目されている。これは「リバースモーゲージ」ともいわれ、通常の資金と要保護世帯向け不動産担保型生活資金の2種類がある。要保護世帯向け不動産担保型生活資金は、一定の居住用不動産（マンション等の集合住宅を含む）を有し、将来にわたりその住居を所有し、または住み続けることを希望する要保護の高齢者世帯に対して当該不動産を担保として生活資金を貸し付ける資金である。そのため通常の資金と異なり①借入申込者の属する世帯が、本制度を利用しなければ生活保護を要することとなる要保護世帯であると保護の実施機関が認めた世帯であること（借入申込者および配偶者が原則として65歳以上）、②借入申込者が単独でおおむね500万円以上の資産価値の居住用不動産を

所有していること（通常の資金より低い基準）、③貸付限度額が生活扶助の1.5倍以内であること、④仮受人の同居人に関する規定がないこと、⑤連帯保証人を必要としない、とされている。

生活福祉資金貸付制度の見直し　　2015年4月の生活困窮者自立支援法の施行に伴い、総合支援資金と緊急小口資金等（臨時特例つなぎ資金を含む）の貸付にあたっては原則として、**生活困窮者自立相談支援事業**の利用が貸付の要件となった。ただし、すでに就職が決定している者や病気等により一時的に生活費が不足する場合などについてはこの限りではない。例えば、福岡市生活困窮者自立相談支援事業では「働きたくても働けない」、「生活に困っているが、どこの窓口に相談すべきか分からない」という問い合わせを、福岡市生活自立支援センターが受け付け、各種関連機関と連携しながら相談者の生活を支援している。その対象者は、福岡市在住で経済的に困っている人で①収入が減り家賃や税金等を滞納、債務もあり生活に困窮している人、②主たる生計維持者が病気で稼働ができなくなり、また同居の親族も引きこもり等で稼働ができず生活に困窮している人などが挙げられる。ただし住宅確保給付金については、別途要件がある。

　生活困窮者自立支援法の施行に伴い、緊急小口資金の償還期限は12ヶ月まで延長されたが、総合支援資金については借受人に過度な負担とならないよう貸付期間は原則3ヶ月、最大12ヶ月（延長は3ヶ月ごと3回）、償還期限は10年以内に短縮された。また2016年には、教育支援資金の拡充が図られている。

　国（厚生労働省）は、2011年3月東日本大震災や2016年4月熊本地震、そして2018年の西日本豪雨・北海道胆振東部地震など、近年の自然災害による被災地に対して緊急小口資金の貸付対象を低所得者世帯から被災世帯へと拡大し、据置期間の延長等を行う特例措置を講じている。

4　その他

無料低額診療事業　　**無料低額診療事業**とは、経済的な理由によって必要な医療を受ける機会が制限されないよう「生計困難

> **コラム10-1　生活福祉資金貸付制度と熊本地震**
>
> 　厚生労働省は、熊本地震（2016年4月14日夜と16日未明）の被災者向けに、同年4月25日付けで緊急小口資金の貸付要件を緩和した特例貸付を実施すると通知した。同年5月6日以降、熊本県社会福祉協議会は熊本県内に住所を有する被災世帯に対して（避難先での都道府県での借り入れも可能）、当座の生活費を必要とする1世帯につき10万円（世帯員の中に被災による死亡者がいる場合などは20万円）を1回限り、無利子で貸し付けを開始した。熊本地震による特例貸付の受付決定件数は1万1743件、貸付金額は15億8340万円であった。このように自然災害によって被災した世帯の当座の生活費として、緊急小口資金が果たす役割は大きい。

者のために、無料又は低額な料金で診察を行う事業」（社会福祉法2条3項9号）で第2種社会福祉事業である。対象者は低所得者、要保護者、ホームレス、DV被害者、人身取引被害者等の生計困難者である。無料低額診療事業を行う施設の基準は、生計困難者を対象とする診療費の減免方法を定めて明示すること、生活保護法による保護を受けている者および無料または診療費の10％以上の減免を受けた者の延数が取扱患者の総延数の10％以上であること、**医療ソーシャルワーカー**を配置すること等である。

　利用者またはその家族は、社会福祉協議会や福祉事務所などの関係機関に相談をして生活状況や収入の状況等により関係機関から必要と認められた場合、診療券の交付を受けて、無料または低額での診療を受けることができる。なお利用者または家族が、事前に関係機関に相談をせずに診療を受けた場合には、施設の医療ソーシャルワーカーが減免措置や診療券についての相談にあたる。2017年11月現在、福岡市内で無料低額診療事業を実施している医療機関は8ヶ所で、施設ごとに独自の無料低額診療規定がある。利用者またはその家族は福岡市生活自立支援センター、各区保健福祉センター（保護課）、各区社会福祉協議会から施設の医療ソーシャルワーカーへ規定の問い合わせをすることができる。

　厚生労働省が公表した「無料低額診療事業の実施状況の概要2016年度実績」によると、無低患者者数は773万8637人（対前年度比－3万5511人）、施設数664ヶ所（対前年度比＋17、病院349、診療所315）である。実施施設の法人類型は、順に

社会福祉法人191ヶ所、医療生協174ヶ所、公益社団・財団法人130ヶ所、医療法人109ヶ所である（社会医療法人は、医療法人に分類される）。診療事業の実施施設の取組み（サービスの内訳）における選択事業の実施施設数は、順に福祉施設の経営・密接な連携（473ヶ所）、夜間・休日診療（447ヶ所）、特別養護老人ホーム等職員に対する研修（201ヶ所）、介護体制の整備・必要費用の負担（200ヶ所）となっている。これらの実績から低所得者に対する医療と福祉の連携は強化されていることと、医療ソーシャルワーカーが担う役割は大きいことがいえる。

無料低額宿泊所　**無料低額宿泊所**とは「生計困難者のために、無料又は低額な料金で、簡易住宅を貸し付け、又は宿泊所その他の施設を利用させる事業（社会福祉法2条3項8号）」で第2種社会福祉事業である。対象者は生活保護受給者、高齢者、ホームレス、アルコール依存症や薬物依存症等である。「住居（住まい）」という役割だけでなく、日常生活における支援（緊急時の対応や食事、服薬、通院等）や社会生活における支援（利用者相互の人間関係づくり、就労指導等）を行う施設もある。しかし入所者の多くが生活保護受給者であることから、保護費の大半を施設の使用料や食費として不当に徴収する「**貧困ビジネス**」が社会問題となっている（第5章コラム5-1「「貧困ビジネス」とは何か」参照）。そこで2017年7月指定都市市長会の議論の中で、事業にかかる「届出制」を「許認可制」に見直すことが提案された。

　厚生労働省が公表した「無料低額宿泊事業を行う施設に関する調査について」によると、2015年6月末時点で、施設総数537のうち、NPO法人が運営する施設が413（76.9％）と最も多い。施設数は増加傾向で、東京都、神奈川県、横浜市などの主に関東の都市部に集中している。入所者全体（1万8201人）の約半数（1万4143人）が被保護者であり、そのうち65歳以上の入所者が5589人（39.5％）である。被保護者の入所者のうち、介護保険法に基づく介護サービスを受けている被保護者は357人（2.5％）、障害者総合支援法に基づく障害福祉サービスを受けている被保護者は280人（2.0％）である。従来、無料低額宿泊所は一時的な宿泊施設とされてきたが入所者の利用期間は長期化している。また日常生活や社会生活における支援を要する入所者が多いため、規制の在り方や住環境の整備とともに、入所者の自立に向けた具体的な支援や施設内の生活支援サービ

図表10-2　生活福祉資金一覧

資金の種類		貸付条件				
		貸付限度額	据置期間	償還期限	貸付利子	連帯保証人
総合支援資金（注）	生活支援費	・生活再建までの間に必要な生活費用	（2人以上）月20万円以内 （単身）月15万円以内 ・貸付期間：原則3月、最長12月以内（延長3回）	最終貸付日から6月以内	据置期間経過後10年以内	連帯保証人あり無利子 連帯保証人なし年1.5%	原則必要ただし、連帯保証人なしでも貸付可
	住宅入居費	・敷金、礼金等住宅の賃貸契約を結ぶために必要な費用	40万円以内	貸付けの日（生活支援費とあわせて貸し付けている場合は、生活支援費の最終貸付日）から6月以内			
	一時生活再建費	・生活を再建するために一時的に必要かつ日常生活費で賄うことが困難である費用 　就職・転職を前提とした技能習得に要する経費 　滞納している公共料金等の立て替え費用 　債務整理をするために必要な経費　等	60万円以内				
福祉資金	福祉費	・生業を営むために必要な経費 ・技能習得に必要な経費及びその期間中の生計を維持するために必要な経費 ・住宅の増改築、補修等及び公営住宅の譲り受けに必要な経費 ・福祉用具等の購入に必要な経費 ・障害者用の自動車の購入に必要な経費 ・中国残留邦人等に係る国民年金保険料の追納に必要な経費 ・負傷又は疾病の療養に必要な経費及びその療養期間中の生計を維持するために必要な経費 ・介護サービス、障害者サービス等を受けるのに必要な経費及びその期間中の生計を維持するために必要な経費 ・災害を受けたことにより臨時に必要となる経費 ・冠婚葬祭に必要な経費 ・住居の移転等、給排水設備等の設置に必要な経費 ・就職、技能習得等の支度に必要な経費 ・その他日常生活上一時的に必要な経費	580万円以内 ※資金の用途に応じて上限目安額を設定	貸付けの日（分割による交付の場合には最終貸付日）から6月以内	据置期間経過後20年以内	連帯保証人あり無利子 連帯保証人なし年1.5%	原則必要ただし、連帯保証人なしでも貸付可

福祉資金	緊急小口資金（注）	・緊急かつ一時的に生計の維持が困難となった場合に貸し付ける少額の費用	10万円以内	貸付けの日から2月以内	据置期間経過後12月以内	無利子	不要
教育支援資金	教育支援費	・低所得世帯に属する者が高等学校、大学又は高等専門学校に就学するのに必要な経費	（高校）月3.5万円以内（高専）月6万円以内（短大）月6万円以内（大学）月6.5万円以内※特に必要と認める場合は、上記各限度額の1.5倍まで貸付可能	卒業後6月以内	据置期間経過後20年以内	無利子	原則不要※世帯内で連帯借受人が必要
	就学支度費	・低所得世帯に属する者が高等学校、大学又は高等専門学校への入学に際し必要な経費	50万円以内				
不動産担保型生活資金	不動産担保型生活資金	・低所得の高齢者世帯に対し、一定の居住用不動産を担保として生活資金を貸し付ける資金	・土地の評価額の70%程度・月30万円以内・貸付期間借受人の死亡時までの期間又は貸付元利金が貸付限度額に達するまでの期間	契約の終了後3月以内	据置期間終了時	年3％、又は長期プライムレートのいずれか低い利率	必要※推定相続人の中から選任
	要保護世帯向け不動産担保型生活資金	・要保護の高齢者世帯に対し、一定の居住用不動産を担保として生活資金を貸し付ける資金	・土地及び建物の評価額の70％程度（集合住宅の場合は50％）・生活扶助額の1.5倍以内・貸付期間借受人の死亡時までの期間又は貸付元利金が貸付限度額に達するまでの期間				不要

（注）総合支援資金および緊急小口資金については、既に就職が内定している場合等を除いて生活困窮者自立支援制度における自立相談支援事業の利用が貸付の要件となります。
※貸付にあたっては、各都道府県社協によって定められている審査基準により審査・決定されます。
（出典）全国社会福祉協議会「生活福祉資金貸付一覧」https://www.shakyo.or.jp/guide/shikin/seikatsu/pdf/ichiran_20160128.pdf（最終参照日：2019年1月11日）より作成

スの質の担保も課題である。

<table>
<tr><td>新　　　　た　　　　な
住宅セーフティネット
制　　　　　　　　度</td><td>住宅確保要配慮者に対する賃貸住宅の供給の促進に
関する法律（通称：住宅セーフティネット法、2017年4</td></tr>
</table>

月公布）の改正法は、同年10月25日から施行され、
新たな**住宅セーフティネット制度**が開始した。対象者は、低額所得者（公営住
宅法に定める算定方法による月収が15万8000円以下の世帯）、被災者（発災後3年以
内）、高齢者、障害者、子どもを養育している者である。省令において外国人
等も定められ、地方公共団体は供給促進計画を定めることにより、住宅確保要
配慮者（例えばホームレス、失業者、新婚世帯等）を追加できる。

　制度の目的は公営住宅を増やさず、民間の空き物件を活用して住宅確保要配
慮者向けの住宅を確保することである。具体的な内容は、①住宅確保要配慮者
向け賃貸住宅の登録制度、②登録住宅の改修や入居者への経済的な支援、③住
宅確保要配慮者に対する居住支援である。国土交通省は、セーフティネット住
宅情報提供システムを運用して、賃貸住宅の情報提供等を実施している。改正
法により、都道府県は居住支援活動を行うNPO法人等を賃貸住宅への入居に
かかる情報提供・相談、見守り等の生活支援、登録住宅の入居者への家賃債務
保証等の業務を行う居住支援法人として指定することが可能となった。

第**11**章

公的扶助の歴史

1 海外における公的扶助の歴史 （第二次世界大戦以前までの流れ）

　本節では、公的扶助がどのように歴史的に形成され展開してきたのか、その法律や制度の成立過程を通して学ぶ。世界の中でも、イギリスは、世界で最も早く産業革命を達成し、資本主義経済がいち早く浸透したが、その過程で労働者階級の大量の貧困と貧民問題に対処する必要に迫られたことから、世界に先駆けて救貧法制が発達することになったという歴史をもつ。そこで、ここでは主にイギリスの歴史を取り上げつつ、関係の深い部分についてアメリカの公的扶助に関係する歴史も参照する。救貧法から公的扶助への変遷を通して、貧困を「個人の問題」から「社会の問題」として捉えるようになる社会的・政策的な動きや、国家の救貧行政に対する責任の在り方の変化など、公的扶助制度が近代的な社会保障制度として進展していく過程を概観する。

中世社会における救貧対策　近代資本主義社会に至る前の時期における貧困者の救済は、教会による慈善事業や、それぞれの地域内部の相互扶助として行われてきた。すなわち、中世封建社会は農業生産が中心であり、領主と領民（小作人）による支配従属関係が存在したため、領民は人格的拘束を受けると同時に、貧困についても領主の支配する領地の中の村落共同体内で救済を受けるか、領主による保護を受けた。そして、このような相互扶助から漏れる貧民については、主としてキリスト教による宗教的な慈善事業に委ねられていた。

　しかしながら、中世封建社会から近代社会に移行すると、大量の貧民が発生

し、社会的な問題となる。当時、自給自足的な共同体にも資本主義的な商品経済が浸透したことや、商業の発達により高騰した羊毛に目を付けた地主たちが小作人を土地から追い出し、多くの農地を牧羊地に変えたことにより（囲い込み（enclosure、エンクロージャー）運動）、小作農民たちは土地を追われて浮浪化し、さらに、飢饉やインフレが追い打ちをかけたのである。生産手段をもたない者たちは労働を求めて新興都市に集中したが、労働の場を得られなかった大半の者は浮浪者となり、困窮した者は物乞いや窃盗に走っていた。そのため彼らは社会不安をもたらす者として、浮浪者の取締りと処罰の対象となっていった。

これに対し、従来行われていた浮浪者の取締りを中心とする貧民に対する抑圧的な政策と慈善的対応では限界が明らかであり、やがて種々の暴動や反乱が続発したことから、国家として新しい貧民対策が必要となった。

そこで、1531年に制定された法律では、浮浪と物乞いの禁止という従来の諸法律と同じ立場をとりつつも、「労働能力のある貧民」と「労働能力のない貧民」を区別し、前者を厳しく処罰し出生地へ送還する一方で、後者には物乞いの許可を与えて、ようやく労働能力のない貧民に対する対応を行うこととなったのである。

また、1547年の法律では、労働意欲のない貧民への処罰が強化され、貧困者の胸や逃亡者の顔に焼き印を押すなど、もっとも厳しい抑圧を導入した（※浮浪者にはV字（vagabond＝浮浪者）、逃亡者にはS字（slave＝奴隷）の焼き印が押された）。このような貧しい人々に対する処罰的な扱いは、現代の公的扶助における恥辱感や心理的な抵抗感を表す言葉として用いられる**スティグマ**の起源となっている。

| エリザベス救貧法 |

その後、救貧に関する法律は、救済資金の徴収と浮浪者の就業、労働不能の貧民の保護を規定したものが存在するが、それらをより簡潔で体系的な形態で再制定したのが、1601年に制定された**エリザベス救貧法**（旧救貧法）と呼ばれる救貧法である。

エリザベス救貧法の特徴は、次の3点である。①教区を行政単位として、治安判事が任命した地域の**貧民監督官**について規定し、教区住民や土地その他の資産所有者たちに対する課税権を与え、その財源をもとに救貧行政を行うこ

と。②労働能力のある貧民に対しては就業を強制し、労働能力のない貧民には、生活扶助による救済を行うこと。③扶養能力のない貧民の子どもに対しては徒弟に出すこと、である。

　このように、エリザベス救貧法は、労働能力の有無で救済方法を分類するだけでなく、それまで宗教的な地域単位に過ぎなかった教区を行政の末端機構とし、そこに治安判事の下に貧民監督官を任命して、強制課税による財源をもって救済を行う、という集権的な仕組みを作ったのである。

　しかし、その後、市民革命による絶対王政の崩壊により中央集権的行政が崩壊し、救貧行政は教区中心となっていく。

ワークハウス　18世紀から進展した産業革命の中で、貧民救済は単に社会秩序の維持のために必要なだけでなく、さらに貧民の労働力を利用して救済費用を節減し、国富を増大させようようとする考え方が出てくる。

　1722年の「ワークハウス・テスト法（ナッチブル法）」では、救済を受ける貧民には**ワークハウス**（労役場）に入ることを強制し（これを**院内救済**という）、拒否する場合には救済を受ける資格を失うこととし、貧民の就業による利益を期待すると同時に、ワークハウスに収容されることを拒絶する貧民が救済を断念することにより、救済費用の抑制に繋がることも目論んだ。ワークハウスは請負で運営することも認められていたため、ワークハウスに収容された貧民の健康や安全は維持されず、労働条件も犯罪的搾取に等しいものとなり、「恐怖の家」と呼ばれるほどの残虐性をもつものであった。

　18世紀後半から末期には、このような抑制的で残虐な救済への批判が高まったことから、1782年に「**ギルバート法**」が制定され、ワークハウスとその運営を見直し、労働能力のある貧民には仕事が見つかるまで居宅保護（これを**院外救済**という）を認め、低賃金労働者に対して賃金を補助する仕組みが導入された。

　また、パンの価格と家族の人数で最低生活を算定し、賃金が低い場合はその補償を行うという「**スピーナムランド制度**」（1795年）も実施された。

新救貧法　19世紀に入ると、産業革命を受け、工業化により資本主義が発達してくると、国家は市民生活に強制や

干渉をせず、市民の生活を脅かす反社会的行為や戦争が起きないよう予防する程度の消極的役割をもつ夜警国家として存在していればいい、という自由放任の思想と、個人責任を強調する考え方が広がっていく。さらに、スピーナムランド制度導入以降、増大する救済費用に対する批判の高まりを背景として、1834年に救貧法は大幅に改正される（**新救貧法（改正救貧法）**）。

　新救貧法は、それまでの救済内容とかけ離れた抑圧的なものとなり、救済費用の節約と救貧行政の効率化のため、処遇の内容を全国一律のものとすること（均一処遇）や、労働能力のある貧民の救済は、労役場（ワークハウス）での収容を条件とし、救済される者の生活レベルは、就労している最下層の労働者の生活レベルよりも低くなるように処遇内容を設定すること（**劣等処遇（less eligibility）**）、などを特徴的な内容とした。この劣等処遇の原則は、一般の労働者の生活水準よりも救貧法の対象者が優遇されると不公平であり、貧民の優遇は、さらなる惰民の養成を生み、不正受給や依存に繋がる、という考え方に基づき、当時強く支持されたものである。これは、貧困の原因が個人責任であることを強調したことにより、労働能力のある貧民の救済を取りやめる方針と結びついており、ワークハウスでの就労も、劣悪な環境での処遇を前提とするなど、就労による自立ができない者は、侮蔑的な扱いを受けることを正当化することとなった。

貧困調査（社会調査）　19世紀後半には産業革命の終了後、周期的に発生する不況により、労働者の生活は総じて苦しくなり、とりわけ、ロンドンのような大都市では、失業者や貧困な労働者の住環境や治安の悪化が社会問題となっていった。そこで、労働者・貧困者たちの生活実態に着目し、貧困調査を行ったのがブースとラウントリーである。

　ブースは、東ロンドンに居住する労働者を対象として、その所得や職業、生活水準の実態を分析し、その結果に基づいて労働者の階層区分を行った。その報告書『ロンドンの民衆の生活と労働』（1903年）の中で、人々の生活水準や様式に決定的な違いをもたらす地点を見出し、そこに「貧困」とそうでない状態とを区別する基準としての貧困線を導入した。そこで貧困線以下に位置づけられた者の生活は、衣食住を賄えないほどにみすぼらしく、不規則労働・低賃金な

コラム11-1　ラウントリーとチョコレート

　貧困調査を行ったシーボーム・ラウントリー（1871-1954）は、国際的に著名な研究者であっただけでなく、日本でも有名なチョコレート菓子を開発した菓子メーカー、ラウントリー社の社長でもあった。18歳の時に父のビジネスの手伝いをはじめ、労働者と協力してガムの製造や開発に取り組んだ経験のあるラウントリーは、成人学校（労働者階級の生活環境改善のために若いクエーカー教徒が各地で主催した学校）で講師を務める中で、通ってくる労働者の生活状況をより詳しく知り、生活の中で必要とされているサポートについて強い関心をもち、ライフワークとして貧困調査と労働者の生活向上に取り組んでいったとされている。ラウントリーが社長を務めている間に、それまで高価だったチョコレートは大量生産体制に入り、労働者が手軽に栄養補給できる食品として普及していくことになった。社会貢献にも熱心に取組んでいたラウントリー社は、いち早く従業員の老齢年金制度をスタートさせ、増大する従業員を対象にした新しい生活保障制度を整備した。自社工場で試みた福祉プログラムは、イギリスの福祉施策の源流にもなった。（参照：武田尚子『チョコレートの世界史——近代ヨーロッパが磨き上げた褐色の宝石』（中央公論新社、2010年））

どの雇用問題や住居・公衆衛生などの環境問題が発生していたことがわかった。

　ラウントリーは、ヨーク市において貧困調査を行い、その結果を『貧困——都市生活の研究』（1901年）として発表した。その研究で、ラウントリーは、家計支出や生活習慣を分析し、「栄養を取れるだけの食事を賄えない状態」（肉体の維持さえも困難な状態）を貧困線として提示し、第一次貧困として肉体の維持さえも困難なくらい食事がとれていない状態、第二次貧困を飲酒、賭博、家計上の無知、計画性のない支出さえなければ肉体の維持が可能な状態の貧困として区分した。この区分に従えば、ヨーク市では、第一次貧困が9.91％、第二次貧困が17.93％、合計約3割（27.84％）が貧困線以下の生活をしており、その原因が疾病、老齢、失業、低賃金、多子にあることを明らかにした。

　ブースもラウントリーも、それぞれの調査により、貧困状態に陥っている人々の割合が約3割を占めていることを客観的に明らかにし、貧困が一般の労働者の間で発生していることや、貧困の原因が低賃金や不安定就労、失業状態にあるとして、貧困が職業や就業形態によって発生することを明らかにした。

つまり、これらの貧困調査を通して、貧困は個人的原因に基づくのではなく、社会的原因に基づくものであるとする貧困観の転換がもたらされた。このことによって、貧困は社会的問題として、何らかの国家的な対応策が必要であるとの認識が広まったのである。(ブースとラウントリーについては、第2章も参照。)

社会改良政策

20世紀初頭には、自由党政権の下で「リベラル・リフォーム」と呼ばれる大規模な社会改良政策が実施された。例えば、児童の給食や健康を守るための「学校給食法」(1906年)や、70歳以上の一定の資格を有した老齢者に無拠出老齢年金を支給する「無拠出老齢年金法」(1908年)、労働者階級の疾病・傷病、失業に対応した「国民保険法」(1911年)などである。これら一連の社会立法は、それまでの救貧法だけの貧困対策と異なり、対象者別・分野別の社会的施策を展開したという点で画期的であり、現代の福祉国家の骨格となる社会保障制度を形成するものとなった。ただし、同時に、労働能力のある貧民に対する制度を分離して、救貧法の対象から分離する形で進められたという一面もあった。

また、救貧法そのものについては、1905年に「王立救貧法委員会」が政府によって設置され、今後の救貧法の課題が検討されることになった。その結果、4年後の1909年には政府に対して2つの報告書が出されることになり、これは、それぞれの報告書に署名した専門委員数に応じて、多数派報告と少数派報告と呼ばれている。

慈善組織教会(COS)出身委員を中心に作成された「多数派報告」では、基本的に貧困の責任は個人にあるとの個人的貧困観に基づき、従来の救貧法制を拡張・強化する方向性での改革を訴えた。

一方、社会主義者である**ウェッブ夫妻**(シドニー・ウェッブ(1859-1947)、ベアトリス・ウェッブ(1858-1943))らは、貧困にスティグマを与えるだけでは貧困問題を根本的に解決できないとして、既存の救貧法を廃止し、国民としてふさわしい最低限の生活基盤を国家が保障する「ナショナル・ミニマム」の理念に基づき、貧困を予防する方策を国家が積極的に実施することを主張した。このようなナショナル・ミニマムの理念と国家責任に基づく新たな社会保障をつくるというウェッブ夫妻の構想は、多数に支持されず、「少数派報告」となった。

　ただし、政府は、両報告に基づく勧告はどちらも採用せず、旧来の救貧法を存続させ、救貧法の外部で貧困化の諸原因に対応する新たな方策を打ち出すことになった。

公 的 扶 助 の 誕 生

(1)　**イギリスにおける失業扶助**　イギリスに完全雇用に近い状態をもたらした第一次世界大戦の終結後は、家電や自動車、航空機、サービス業などの新興産業の成長と、石炭、造船、繊維など旧来の主要産業の衰退など産業構造の変化に加え、1929年に発生したウォール街での株価大暴落を契機とした世界恐慌が深刻な失業問題を発生させた。イギリスでは1911年の**国民保険法**制定により、医療保険と失業保険が存在していたが、保険方式によって失業した者に対する短期給付を行う仕組みであったため、事前に拠出のない人々は受給資格を得られず、失業率の高さと長期化に対応できないことが問題となった。そのため、救貧法は、労働能力があるにもかかわらず貧困状態にある、大量の失業者への対応をせざるを得ない状態になったのである。

　このような状態を打開すべく、1934年の失業法で、**失業扶助**が制度化されることとなった。

　失業扶助は、失業保険を受けられない失業中の困窮者に対しては、所定の資力調査に基づき、原則として無期限で一定額の金銭を支給するもので、国庫負担で行うこととする仕組みであった。実施にあたっては、中央政府に失業扶助庁が置かれ、その下に300を超える地方事務所の他、全国各地に失業扶助の受給資格や扶助額に関する不服申立てを受け付ける専門機関も設置された。

　失業者問題は、第二次世界大戦の勃発により兵力や産業部門を支える労働力となって解消することになるが、失業者に対して、短期的失業に対する救済として失業保険を中核としつつも、長期の失業については公的扶助制度としての失業扶助をその補完的な制度として位置づけるという枠組みが確立した。この形はベヴァリッジ報告へも受け継がれ、救貧法の廃止へと繋がっていくことになった。

(2)　**アメリカ社会保障法**　1929年の世界恐慌による大量の失業者の発生と、社会不安の増大に対し、アメリカでは、F．D．ルーズベルト大統領が、積極

図表11-1 公的扶助制度に関する主な法制度と出来事 （特に重要な法（法改正）は太字）

年	海外	日本	法制度以外の出来事
1601	**エリザベス救貧法（イギリス）**		
1722	ワークハウス・テスト法（ナッチブル法）（イギリス）		
1782	ギルバート法（イギリス）		
1795	スピーナムランド制度（イギリス）		
1834	**改正救貧法（イギリス）**		
1874		**恤救規則**	
1889			ブース報告書『ロンドンの民衆の生活と労働』第1巻発刊
1899		行旅病人及行旅死亡人取扱法	
1901			ラウントリー『貧困——都市生活の研究』発表
1905			王立救貧法委員会設置（イギリス）
1906	学校給食法（イギリス）		
1908	無拠出老齢年金法（イギリス）		
1911	**国民保険法（イギリス）**		
1917			米騒動
1929		**救護法（1932年施行）**	世界恐慌
1934	失業法（イギリス）		
1935	**社会保障法（アメリカ）**		
1936		方面委員令	
1937		母子保護法 軍事扶助法	
1941		医療保護法	
1942			『社会保険及び関連サービス』（ベヴァリッジ報告）公表（イギリス）
1945		生活困窮者緊急生活援護要綱	

年			
1946	国民保険法（イギリス）	GHQ 覚書「社会救済」、生活保護法（旧生活保護法）、日本国憲法	
1948	**国民扶助法（イギリス）**		
1949			社会保障制度審議会勧告「生活保護制度の改善強化に関する件」
1950		生活保護法改正（現行生活保護法）	
1957			朝日訴訟提訴
1962	社会保障法改正（AFDC の創設）（アメリカ）		
1964	フードスタンプ法（フードスタンプ導入）（アメリカ）		
1965	社会保障法改正（メディケイドの創設）（アメリカ）		
1966	社会保障省法（補足給付制度）（イギリス）		
1972	社会保障法改正（SSI の創設（1974年施行））（アメリカ）		
1986	社会保障法（所得補助制度（1988年施行））（イギリス）		
1995	求職者法（イギリス）		
1996	個人責任・就労機会調整法（貧困家庭一時扶助（ＴＡＮＦ）への移行）（アメリカ）		
2003	年金クレジット導入（2002年国家年金クレジット法、2004年年金法）（イギリス）		
2007	2007年福祉改革法（就労不能手当、雇用支援給付の創設）（イギリス）		
2009	2009年福祉改革法（所得補助廃止、求職者給付または雇用支援給付へ移行）（イギリス）		
2012	2012年福祉改革法（ユニバーサルクレジット導入）（イギリス）	社会保障・税一体改革大綱	
2013		生活保護法改正 **生活困窮者自立支援法制定**	

（出典）筆者作成

的な公共投資により景気を回復させようとするとともに、失業者を吸収し、完全雇用を目指すニューディール政策と呼ばれる経済政策を展開した。

　また、1935年には社会保障法（Social Security Act）が制定され、大恐慌の危機に対して、直接の救済によって購買力を呼び起こし、公共事業によって間接的に有効需要を喚起するというニューディール政策の後半部分を担うものと位置づけられた。同法は、老齢年金、失業保険、公的扶助で構成され、失業者や高齢者に対する所得保障を行った。これらの制度によって、労働者や失業者といった労働能力ある貧民に対しては連邦政府が関与するようになった。しかし、公的扶助は州が運営責任を負い、高齢者扶助、視覚障害者扶助、要扶養児童扶助というカテゴリー別扶助の形態をとっていることから、これらのカテゴリーに属さない貧困者に対しては、依然として民間機関や地方機関が独自に定めてきた救貧法や公的扶助が対応し続けることになった。

2　海外における公的扶助の歴史（第二次世界大戦以後の流れ）

ベヴァリッジ報告

　イギリスは、第二次世界大戦に連合国の一員として参戦する中で、戦後の経済的混乱と社会不安に対応する必要があると考え、戦時中の1941年に社会保障委員会を設置し、翌年には戦後の社会保障計画を構想した「社会保険及び関連サービス」（Social Insurance and Allied Service）を公表した。同報告書は、委員長のベヴァリッジ（Beveridge, W. H. イギリスの経済学者、1879-1963）の名をとって「ベヴァリッジ報告」と呼ばれ、イギリスの戦争遂行上大きな役割を果たしただけでなく、戦後のイギリスの社会保障の骨格を形作った。

　ベヴァリッジは、児童手当と包括的な医療保障、完全雇用に政府が取り組み、またそれを前提として、次のような考え方を示した。

　第1に、戦後の復興を阻む「欠乏」（want）、「怠惰」（idleness）、「疾病」（disease）、「無知」（ignorance）、「不潔」（squalor）の「5つの巨悪」のうち、社会保障の目的が「欠乏」の根絶にあることを示した。これに直接対応するものが社会保険であり、他の巨悪に対しては別の政策が対応しなければならないと

した。

第2に、国民の最低生活保障は国の責任であるが、社会保障は国と個人の協力により達成されるべきであることを強調した。つまり、最低限保障は個人の勤労意欲や責任感を抑圧してはならず、私保険や貯蓄など各人の自発的な努力を阻害してはならないとして、私的責任の余地を残したのである。

これらの考え方により、ベヴァリッジ報告では、必要最低限と考えられる給付額をナショナル・ミニマムとして定め、それに応じて払い込むべき保険料を、報酬比例ではなく、所得と関係なく全国民一律に均一額とする、均一拠出均一給付（誰でも同一の保険料で同一の給付を受けること）の社会保険を所得保障の中心に据え、何らかの事情で社会保険に加入できない、あるいは、加入していても受給要件を満たすまで保険料を払えない人々に対しては、資力調査を条件に、国庫負担で救済することとした。つまり、ベヴァリッジ報告の社会保障は、社会保険を中心として、その保険の目の網から漏れる人々のために公的扶助を位置づけたことが特徴的である。特に社会保険は、資本主義の支配的な価値観である「自助努力」とよく調和しうると考えられたことから、社会保険が浸透していくことによって、その補完としての公的扶助は徐々に縮小していくことを想定していた。

この報告書の考え方を踏襲して、戦後、国民保険法（1946年）、国民扶助法（1948年。これにより救貧法は廃止された）など社会保険や社会福祉の法律が次々と制定されることになり、「ゆりかごから墓場まで」といわれる福祉国家が確立されていった。

国 民 扶 助 法　国民扶助法は、従来の対象者カテゴリー別であった制度を一元的に統合し、すべての人々を対象に最低生活を保障する初めての公的扶助制度となった（ただし、ストライキ中の労働者等は例外とするなどの規定があった）。国民の最低生活保障の実現を目的とすることから、財源は中央政府が担い、実施体制においても、中央や地方の諸機関を通じて行われていたものを、新たに設置した国民扶助庁が引継ぎ、扶助基準についても、それまでバラバラであった基準額を全国的に統一化した。

ベヴァリッジ報告では公的扶助を補完的な制度として位置づけていたが、所

得保障の中心である均一拠出均一給付の社会保険は、低賃金労働者にとって過重な負担となったため、最低生活保障が達成できず、扶助受給者は増加していくこととなった。

貧困の再発見

1950年代後半から60年代後半にかけて、イギリスでは貧困状態にある人が多く存在し、国民扶助法が有効に機能していないことが指摘されるようになった。これは「貧困の再発見」と呼ばれるタウンゼントらの貧困研究による問題提起によるものであり、文化的・社会的な生活に着目した「相対的剥奪」の視点から貧困を捉える必要性が指摘された。また、エイベル・スミスとタウンゼントの著書『貧困層と極貧層』（1965年）では、扶助の受給資格がありながら申請をしていない人が多数存在し、低賃金の労働者や長期傷病者、多子家族などの貧困が拡大していることを明らかにした。

補足給付

政府は当初、これらの調査結果に否定的であったが、その後自ら大規模な調査を実施し、スティグマを解決し捕捉率を改善するなど、調査で明らかになった制度の不備に対応することとなった。

1966年に制定された社会保障省法によって、国民扶助は名称を補足給付（supplementary benefits）に改められ、年金受給年齢以上の高齢者を対象とする補足年金（supplementary pension）と、その他の者を対象とする補足手当（supplementary allowance）となった（補足給付は、数度の改正を経て1988年まで存続する）。それまで国民扶助法で規定されていたフルタイム労働者への扶助の禁止や扶助額の制限（働いて得られるであろう収入までしか支給しないという賃金停止条項）はそのまま引き継がれたものの、保険と扶助の窓口や手続きを統合するなど、最低生活水準に満たない貧困層が容易に扶助を受けることができる方法がとられた。

所得補助制度

(1) 所得補助　1980年代に入ると、イギリスでは1970年代からの経済的停滞から脱却するための政策が打ち出されてくる。1970年代末に政権をとったサッチャー首相（Margaret Thatcher, 1925-2013）は、増大する社会保障費支出に対応するため、社会保障

費の削減や民営化、規制緩和を強力に推し進め、ベヴァリッジ報告以来の社会
保障改革を行った。特に、行政事務が肥大化しているとの批判が強かった補足
給付制度は、1986年制定の社会保障法によって所得補助（Income Support）制
度となり、社会基金（Social Fund）も創設された。

　所得補助制度は、稼得収入などで日常生活に必要なものが賄えない者を対象
として現金給付を行うものであるが、対象者のうち、1995年の求職者法によ
り、就労可能な生活困窮者（主に失業者）と、2003年に導入された年金クレジッ
ト（pension credit）により、60歳以上の生活困窮者は、制度から外れることに
なった。また、働く貧困層や子どものいる貧困家庭に対する給付つき税額控除
（児童税額控除、勤労税額控除）の整備・拡充や、疾病や障害のために就労困難な
者に対する「雇用・生活支援手当」が導入された。その結果所得補助の主な受
給者は、イギリスに居住する16歳から年金クレジット支給開始までの年齢にあ
る生活困窮者のうち、子どもの養育のために就労できないひとり親、老親や障
害者の介護を必要とする者、イギリスに来て日が浅い難民となった。このよう
に、所得補助は、他の所得保障制度に対する追加的な金銭給付としての位置づ
けに移行している。

　給付は、1週間当たりの日常生活に必要な金額を算定し、その不足する金額
が1週間ごとに支払われ、主に①年齢、単身・夫婦別に支給する個人手当、②
被扶養児童を有するものに支給する家族割増金、③年金受給者、障害者、ひと
り親のグループに属する受給者に支給する割増金、④家賃相当分を支給する住
宅給付である。

　⑵　**社会基金**　社会基金は、所得補助では対応できない、一時的かつ特別
な需要に対応するために設けられた貸付金である。①所得補助受給者を対象に
臨時に必要とする資金を無利子で貸与する家計貸付金、②緊急時または災害時
のような短期間の需要に対応することを目的とした無利子の貸付金で、所得補
助受給を要件としない緊急貸付金、③高齢者、障害者などが地域社会で独立生
活を営むことを援助するための一時金で、返済の必要のないコミュニティケア
給付金、④本人または配偶者が所得補助または家族給付受給者で、出産を行う
場合に援助される出産給付金、⑤所得補助、家族給付、住宅給付受給者で、葬

祭費用が捻出できない場合に支給される葬祭給付金（返済の必要がない）を内容
とする。

　現在、イギリスの公的扶助制度としては、これらの他、失業扶助としての求
職者手当や住宅手当などがある。

　アメリカにおける
　公　的　扶　助　1950年代から60年代にかけて、アメリカでも貧困問
　　　　　　　　　　　題は大きな議論となった。1964年にジョンソン大統
領は「貧困との闘い」（War on Poverty）を宣言し、職業訓練中心の雇用対策事
業、成人や就学前の教育事業、貧困者を対象とするボランティア訓練・派遣事
業、貧困者自身が参加して生活改善や自立促進を図る地域活動事業を展開し
た。

　増加し続ける公的扶助の受給者に対しては、社会保障法を改正し、公的扶
助、中でも要扶養児童家庭扶助（Aid to Families with Dependent Children; AFDC;
要扶養児童扶助から改正）の受給者に対して、ケースワークを中心とした社会復
帰を目的とする福祉サービスを強化することで受給者の縮減を図った。また、
一般的な低所得世帯に対して食糧購入券の配布制度（フードスタンプ（Food
Stamp））（1964年）や低所得者を対象とした医療扶助（メディケイド（Medicaid））（1965
年）が新たに導入された。

　1972年には、労働能力のない高齢者・障害者に対して、最低生活を保障する
補足的保障所得（Supplemental Security Income; SSI）が創設された（実施は1974
年）。これにより、高齢者、障害者、要扶養児童家族、その他という、対象者
カテゴリー別制度をとっていた公的扶助は、高齢者、障害者、視覚障害者につ
いては補足的保障所得（SSI）に一本化され、各州の実施する要扶養児童家庭
扶助と一般扶助の三本建てとなった。また、1935年の社会保障法制定以来、公
的扶助については州が運営責任を負うこととなっていたが、補足的保障所得
（SSI）については、連邦が直接社会保険事務所を通じて行政にあたっている（た
だし、州は連邦による統一的なプログラムに独自のプログラムで補填することが可能で
ある）。

　なお、要扶養児童家庭扶助は、1996年に貧困家庭一時扶助（Temporary
Assistance for Needy Families; TANF）へ改正され就労促進が強化されている。

3　日本の公的扶助の歴史（第二次世界大戦以前までの流れ）

恤　救　規　則

明治維新による近代的国家形成を目指した政治的、経済的、社会的変革の過程においては、それらに対応できない貧民を数多く生み出すことになった。当時、その貧困者の救済とその救済基準を示す必要が生じた内務省が太政官指令として全国に布達したのが、日本で最初の公的扶助法令である「恤救規則」（1874年）である。恤救規則は、「人民相互ノ情誼」による救済、すなわち相互扶助が重要であるから、親族や近隣による助け合いなどの地縁や血縁関係によって生活を維持することを原則とし、それでも放置できない「無告ノ窮民」（身寄りのない貧困者）に対してのみ国家が救済を行うこととした。

　救済の対象となるのは、極貧の単身者で障害や高齢、疾病で労働不能の者、13歳以下の孤児などに制限しており、家族の中に労働能力のある者がいる限り原則として恤救規則による救済を受けることができないものであった。救済内容もわずかな米代を、50日を限度として支給するという極めて貧弱なものであった。救済費用や救済責任についても規定されておらず、救済を請求する権利も全く認められず、貧困の原因を個人に求める考え方が根強いものであった。

　当時、実際には貧困者が数多くいたにもかかわらず、このように救済の対象を制限し（制限扶助主義）、隣保相扶を原則として救済を拒否したため、救済人員は極めて少なく、恤救規則が貧困者を救済する役割を果たすことはほとんどなかった。

　その後、経済恐慌や農村での不作によって困窮する国民生活の状況に対して、政府や議員からは、恤救規則では十分に対応できていないとして、救貧にかかわる法案が帝国議会に提出されたが（例えば窮民救助法案（1890年）、恤救法案（1897年）、救貧法案（1902年）など）、「人民相互ノ情誼」を基にした家族の解体や、堕民の養成に繋がるなどの反対が強く、いずれも不成立に終わった。

　恤救規則以外では、行き倒れになったものに対して市町村長が救護を行うと

する行旅病人及行旅死亡人取扱法（1899年）などはあったが、結果的に、1929年に救護法が成立するまで、恤救規則は救貧行政の基本法として存在することとなったのである。

　大正期に入ると、米価の高騰により、1917年に富山県の漁村の女性労働者らが米価引き下げを求めて運動を起こしたのをきっかけに米騒動が起こり、のちに社会運動として展開し全国に拡大するなど、物価の高騰により国民の生活は一層深刻さを増した。

　そこで、このような貧困の広がりとそれに伴う社会運動に対応するため、地方は、新たな救済策を展開させる必要に迫られた。例えば岡山県は済世顧問制度（1917年）を、大阪府は方面委員制度（1918年）を設け、貧民の生活向上のための訪問指導だけでなく、治安維持的機能を前提とした民間資源や情報を活用した活動を行った。地域の貧困者を発見し、直接的にかかわる援助者としての役割としての機能を担うというこれらの制度は、のちに方面委員令（1936年）として全国に導入され、第二次世界大戦後、民生委員法として発展することとなった。

| 救　　護　　法 | 昭和初期には、米騒動以降の経済状況の危機や恐慌による失業者の急増、さらに関東大震災や世界恐慌 |

（1929年）などによる国民の深刻な窮乏化が進み、恤救規則に代わる新たな法制度を求める世論が高まりをみせたことを背景として、1929年に救護法の成立に至った。

　救護法は、国の公的救済の義務が明示され、それまであいまいだった救済方法や手続きについて規定したのに加え、救済の対象も拡大させたという点で、恤救規則に比べ、近代的な内容となった。

　具体的には、扶養可能な親族がいないことを原則として、65歳以上の老衰者、13歳以下の幼者、妊産婦、重度の障害や疾病のため労務に支障がある者として、対象者の範囲を拡大した。

　支給内容としては、生活扶助、医療扶助、助産扶助、生業扶助を規定し、埋葬費の支給も認めた。居宅保護が原則であるが、それが適当でないときは救護施設（養老院、孤児院、病院など）で救護をすることも規定した。救護の実施機

関は市町村長であり、方面委員を補助機関とすることとし、その費用については、市町村が負担したうえで、その費用の2分の1以内を国が、4分の1を道府県が補助することにした。

　しかし、対象者の範囲が拡大したとはいえ、就労困難を要件としたことで失業者を対象としないなど、救護対象が制限されていることには変わりなく、さらに、性向が著しく不良・怠惰な者は救護しないといった**欠格条項**も残していた。また、救護法による保護は、国の公的救済の義務による反射的利益に過ぎず、救護を受ける者の権利性を認めるものではないと解釈されており、救護を受けると選挙権・被選挙権を奪われるなど、数多くの問題を残していた。

戦時中の公的扶助　第二次世界大戦中は、救護法を補完して救済を行う必要があったことから、対象者別に法律を制定し、救貧対策を行うこととなった。1937年には、戦地で負傷した軍人とその家族、戦死した軍人の遺族に対して扶助を行う軍事扶助法、さらに13歳以下の子をもつ母が生活困難なときに扶助を行う母子保護法が制定された。また、医療についても健兵健民政策として重要であったため、国民健康保険法（1938年）、職員健康保険法、船員保険法（どちらも1939年）が制定されたが、これらの対象とならない生活困難で医療・助産が受けられない者に対して、最低限の医療給付を提供する医療保護法が1941年に制定された。

4　日本の公的扶助の歴史（第二次世界大戦以後の流れ）

旧　生　活　保　護　法　戦後に入ると、大量の戦争被災者や失業者、海外からの引揚者に対し、制限扶助主義をとる救護法と戦時中に制定された対象者別の補完的諸制度では、到底対応できない事態に陥った。そこで、政府は、1945年に生活困窮者緊急生活援護要綱を閣議決定した。同要綱は戦争被災者や海外からの引揚者だけでなく、失業者に対しても宿泊施設、給食、生活必需品を提供することを内容とするものであったが、あくまで戦後処理の一環としての緊急的な措置であったため、政府は新たな救済法規の制定を検討し、その案を連合国軍総司令部（GHQ）へ提出した。

GHQ は、覚書「社会救済」（SCAPIN775）において、無差別平等の原則、国家責任、必要充足（必要な救済費用に制限を加えないこと）を戦後の社会福祉事業の原則とする包括的な対策を行うよう政府に指示し、これを受けて1946年9月に生活保護法（以下、旧生活保護法）が制定された。

　旧生活保護法は、「社会救済」（SCAPIN775）に示された無差別平等の原則に対応して、その対象を生活の保護を要する状態にある者とし、労働能力の有無を問わず保護を行う一般扶助主義を初めて採用した。一方で、能力があるにもかかわらず勤労の意思のない者、勤労を怠る者その他生計の維持に努めない者および素行不良の者を保護しないといった**欠格条項**があるほか、扶養義務者がいる場合にも保護を行わないなど、制限扶助主義的な要素を強く残していた。また、国家責任を明記しつつも、保護請求権や不服申立の権利も認めないなど、多くの課題があった。

現行の生活保護法

　このように、旧生活保護法は、国家責任や保護の無差別平等の原則を法律上明記した点で戦前の救護法から比べると大きな違いがあった。しかし、保護請求権の確立や欠格条項の明確化、専任職員の配置などの問題は、「社会救済」（SCAPIN775）からみても問題があった。さらに、1946年11月の**日本国憲法**制定により、すべての国民に生存権があり、その権利を保障する義務が国家にあることが明示されたことから、旧生活保護法をこれに沿ったものにする必要が生じた。また、1949年には社会保障制度審議会が、「生活保護制度の改善強化に関する件」において、憲法の理念に沿った生活保護法の改善や、民生委員ではなく有給の公務員による保護の実施などを勧告した。

　このようにして、旧生活保護法は全面的に改正され、1950年に現行の**生活保護法**（新生活保護法）が成立した。

　新生活保護法では、生存権の理念に基づき最低限度の生活保障と並んで自立助長を法の目的とし、欠格条項を廃止して無差別平等の原理を徹底した。また、**保護請求権**を明記し、**不服申立制度**を創設することによって、公的扶助の権利性も明らかにした。制度の運用にあたっては、社会福祉主事たる有給の公務員を補助機関とし、民生委員を協力機関に位置づけた。1951年には、社会福

祉事業法（現・社会福祉法）が制定され、福祉事務所制度が創設されたことに伴い、保護の実施機関が市町村長から都道府県知事、市長および福祉事務所を管理する町村長に改められるなど、現行の運営体制が整備された。

　また、扶助の種類として、教育扶助と住宅扶助が追加され、費用負担割合は国8割、保護の実施機関である地方公共団体が2割となった。

生活保護法制定後の展開　生活保護法は、介護扶助の創設や地方分権化にかかわる機関委任事務の廃止に伴う改革はあったものの、全体の枠組みとしては、現在に至るまで大きく変えずに今日に至っている。しかし、他の社会保障制度や社会状況の変化に応じ、その具体的な制度の運用や役割にかかわって、いくつかの変更や改正が行われている。

　生活保護基準については、1957年に始まった**朝日訴訟**の影響を受けて、大幅な改善が行われ、生活扶助基準の改定方式についても変更が行われた（1984年以降、水準均衡方式となって現在に至る）。経済成長が終わると、社会保障予算の抑制の要請や、不正受給対策として、いわゆる123号通知（「生活保護の適正実施の推進について」）（1981年）に始まる生活保護適正化による保護率の低下がもたらされた。

　また、1985年には、生活保護費や措置費の国家割合の変更（1985-1988年度は地方3割、国7割、1989年度以降は地方2.5割、国7.5割）が行われた。

　2003年に設置された社会保障審議会の「生活保護の在り方に関する専門委員会」では生活保護制度改革が検討され、その報告書では、給付水準や制度の仕組みのみならず、生活困窮者の自立・就労を支援する観点から見直すことなどの「自立支援」の考え方を強調し、老齢加算の段階的廃止（2004年度から）や母子加算の見直し、自立支援プログラムの導入（2005年度から）等が実施されることとなった。

　2008年に起きたリーマンショックを契機として、日本でも多くの失業者や生活困窮者が発生し、住居を失った離職者への支援が課題となった。そこで、生活保護以外の第2のセーフティネットとして、求職者支援制度や住宅手当制度の創設、生活福祉資金貸付制度の改定などの対策が実施された。

　2011年には社会保障審議会生活保護基準部会が、2012年には生活困窮者の生

活支援のあり方に関する検討会が設置され、その後の制度改革に向けた検討が開始され、それぞれ報告書を出している。この報告書を踏まえて、生活困窮者自立支援法の制定と、2013年8月から生活扶助基準の引き下げなどの生活保護法の改正が行われることとなり、住宅扶助と冬季加算についても見直しが行われた。

　さらに、近年の動向としては、2012年「社会保障・税一体改革大綱」に盛り込まれた「生活支援戦略」によって、生活困窮者対策の充実強化と生活保護制度の見直しが進められた。その1つが、「就労自立給付金制度」で、保護受給中の就労収入のうち、収入認定された金額の範囲内で別途一定額を積み立てて、保護廃止に至ったときに支給する仕組みであり、生活保護受給者の就労・自立の促進を目指したものである。2015年からは、就労の支援に関する問題について、被保護者からの相談に応じ、情報提供等を行うことを内容とする、被保護者就労支援事業も実施されるなど、就労による自立を促進する政策が強化されている。

第**12**章

生活保護をめぐる代表的な裁判例

1　生活保護と裁判

　生活保護制度は、保護受給者と実施機関の職員とが直接かかわりをもちながら実施される、裁量の余地や個別性の大きな制度であることから、制度の運用や解釈をめぐって両者に齟齬が生じ、受給者側が不服を感じるケースも少なくない。特に、違法な制度運用による権利侵害が疑われるような場合は、不服申立てや行政訴訟（第3章9参照）を通じて受給者の権利の救済・回復が図られなければならない。

　これまでに、生活保護をめぐって数多くの裁判が提起されてきた。これらの内容を知ることは、生活保護の実態や法理論についてより深く学ぶことに繋がる。そこで本章では、過去に実際に行われた生活保護にかかわる裁判例のうち、代表的なものを取り上げて、その概要を紹介することとしたい。

2　生活保護をめぐる代表的な裁判例

朝　日　訴　訟　【第1審：東京地裁昭和35年10月10日判決、第2審：東京高判昭和38年11月4日判決、最高裁：昭和42年5月24日判決】　　肺結核のため国立岡山療養所に入所していた朝日茂氏（原告）は、単身で無収入のため、10数年にわたり生活扶助の入院患者日用品費および医療扶助を受給していた。ところがその後、実兄から月1500円の仕送りを受けることとなったため、福祉事務所長は、当時（本件訴訟の提起された1956年）

169

月額600円であった生活扶助を打ち切り、この仕送りのうち600円を日用品費に充当し、残額900円を医療費の一部として朝日氏に負担させる旨の保護変更決定を行った。

　朝日氏は、600円という入院患者日用品費の基準額は、生活保護法の規定する健康で文化的な最低限度の生活を維持するにすぎるとし、「600円をせめて1000円に」と訴えて本件訴訟を提起した。

　1審の東京地裁判決は、「健康で文化的な最低限度の生活」は、「人間に値する生存」「人間としての生活」を可能とする程度のものでなければならないとし、その程度は一応客観的に決定しうるものであるとしたうえで、それは「その時々の国の予算の配分によって左右されるべきではない」と指摘した。そのうえで、600円という基準額は、健康で文化的な最低限度の生活水準を維持するには足りないものと判断し、上記の保護変更決定を違法なものとして取り消した。

　これに対し2審の東京高裁判決は、基準額について、「頗る低額にすぎる」としつつも、違法というにはなお十分でないとして、1審判決を取り消した。

　朝日氏はこの判決を不服として最高裁に上告したが、1964年に死亡した。最高裁は、朝日氏の死亡により訴訟は終結した旨を判示した。そのうえで、「なお、念のために」として、生存権の法的性質について、このように説明した。健康で文化的な最低限度の生活なるものは、抽象的な相対的な相対的概念であり、その具体的内容は、文化の発達、国民経済の進展等を含む多数の不確定的要素を総合考量して初めて決定できるものであるとした。そのうえで、何が健康で文化的な最低限度の生活であるかの認定判断は、「いちおう、厚生労働大臣の合目的的な裁量に委ねられて」おり、その判断は、「当不当の問題として政府の政治責任を問われることがあっても、直ちに違法の問題を生じることはない」として、基準の設定について厚生労働大臣の広範な裁量権を認めた。

　この訴訟は、生存権の法的性質や生活保護の基準設定のあり方などが正面から問われた初めての事例であり、「人間裁判」と呼ばれた。その後の生活保護制度の運用や、社会保障のあり方をめぐる議論にも大きな影響を及ぼした。

加　藤　訴　訟　【秋田地裁平成5年4月23日判決】　原告のA氏夫妻は、1979年から生活保護を受給していたが、支給された保護費と収入認定された障害年金の一部をやり繰りして少しずつ蓄え、1984年末時点で81万円余りの預貯金を保有していた（この時点で、福祉事務所はこの事実を把握していなかった）。A氏が貯蓄を行ったのは、夫婦がいずれもすでに高齢で病気がちであったことから、将来どちらかが入院をして付添看護の費用などが必要となる場合に備えるためであった（現在は、付添看護の制度は廃止されている）。

　この事実は、1985年1月に福祉事務所の知るところとなり、福祉事務所長は、この預貯金の一部を収入認定して、A氏の翌月以降の保護費を減額する保護変更処分を行うとともに、預貯金の一部の使途を限定する旨の指導指示を行った。そこでA氏が、当該変更処分の取消しと指導指示の無効確認を求めて提起したのが本件である。

　判決は、「保護費のみ、あるいは、収入認定された収入と生活保護費のみを原資とする預貯金については、預貯金の目的が…生活保護費の支給の目的ないし趣旨に反するようなものでないと認められ、かつ、国民一般の感情からして保有させることに違和感を覚える程度の高額な預貯金でない限りは、これを、収入認定せず、被保護者に保有させることが相当」であるとして、A氏の請求を認めた。被告（福祉事務所長）が控訴しなかったため、本件は1審で確定している。

　本件以後、保護費のやり繰りによって蓄えられた預貯金等の使用目的が、生活保護の趣旨目的に反しないと認められる場合には保有を認めて差し支えないとする取扱いがなされている。このような取扱いの契機となったという意味で、本件は、制度上重要な意義を有している。

中　嶋　訴　訟　【最高裁平成16年3月16日判決】　生活保護を受給していた原告のB氏は、1976年以降、当時3歳であった長女と、出生予定であった長男の高校修学費用に充てることを目的として、郵便局の学資保険に加入した。保険料は月額3000円で、満期時に満期保険金50万円が受け取れるというものであった。1990年6月にこの満期保険金が

支払われたため、福祉事務所長は、これを収入認定したうえで、翌月以降の保護費を減額する保護変更処分を行った。

　B氏は、自分や子どもたちの学習権、生存権等が侵害されたことを理由として、本件処分の取消しを求めて訴訟を提起した。1審係争中にB氏が死亡したため、訴訟はB氏の子どもらが承継し、2審の福岡高裁は原告らの主張を認めて処分を取り消した。これに対し被告（福祉事務所長）が上告したが、最高裁は次のように指摘して上告を棄却した。

　「被保護世帯において、最低限度の生活を維持しつつ、子弟の高等学校修学のための費用を蓄える努力をすることは、同法の趣旨目的に反することではない」。

　「本件返戻金（満期保険金：筆者注）は、それが同法の趣旨目的に反する使われ方をしたなどの事情がうかがわれない本件においては、同法（生活保護法：同）にいう資産等又は同法8条1項にいう金銭等には当たらず収入認定すべき資産には当たらないというべきである。」

　本件以後、保護申請時に学資保険に加入している場合については、解約させないで保護を適用できるという取扱いが、また、満期保険金については、使用目的が生活保護の趣旨目的に反しない場合については、収入認定の除外対象とする取扱いがそれぞれなされている。

<table>
<tr><td>保護の補足性と
自動車保有</td></tr>
</table>
【佐藤訴訟・大阪地裁平成25年4月19日判決】
　原告のC氏は、両股関節機能全廃等により身体障害者手帳3級を所持しており、歩行や階段の昇降が難しく、電車・バス等の公共交通機関を利用することが困難であったため、買い物などの日常生活や通院のために処分価値のない自動車を保有・使用していた。C氏は2006年に生活保護の申請を行い、保護開始決定を受けたが、その際、福祉事務所長は、上記自動車の保有は認められないとして、これを処分するよう文書で指示をした。C氏が指示に従わなかったため、福祉事務所長は2007年4月、C氏に対し、指導指示違反を理由に保護廃止処分を行った。2009年に再度生活保護の申請を行ったが、福祉事務所長は、その後もC氏が自動車を保有し続けていることを理由として申請却下処分を行った。

　C氏はこれを不服として大阪府知事に審査請求を行ったが、裁決の期限である50日を経過しても裁決が行われなかったため、申請却下処分の取消しと、福祉事務所長に対し国家賠償の支払いを求めて訴訟を提起した。

　判決は、保護受給者の自動車保有を禁止する「保護の実施要領」の取り扱いについては一定の合理性があるとしつつも、C氏については、保護受給者の自動車保有が認められる要件の1つである「障害の状況により利用しうる公共交通機関が全くないか又は公共交通機関を利用することが著しく困難であり、自動車による以外に通院等を行うことがきわめて困難であることが明らかにみとめられる」ことという要件に該当するとして、保護却下処分を取り消した。

　保護受給者の自動車保有（または借用）については、本件以前から判例の蓄積があり、障害のある受給者による保有については判例でも判断が分かれていたが、本判決はこの問題に一定の方向性を示し、実務に与える影響も大きい者と評価されている。

保護の補足性と稼働能力の活用

【林訴訟・第1審：名古屋地裁平成8年10月30日判決、第2審：名古屋高裁平成9年8月8日判決】

　原告のD氏は、長年日雇建設労働に従事していたが、50歳代以降は両足の筋肉痛などにより離職や転職を繰り返すようになり、また、求職活動をしても思うように決まらない状況に陥っていた。55歳頃には、所持金をすべて費消したため、野宿生活を送るようになっていた。

　D氏は、1993年7月30日、生活保護の申請をしたが、福祉事務所担当職員は、D氏に対する医療扶助のみを認め、病院で診察を受けるよう指示をした。同担当職員は、病院からD氏の病状は就労可能な程度のものである旨の連絡を受けたこと、D氏が最近まで稼働していたことなどを考慮し、翌31日付けで保護を廃止する旨をD氏に伝えた。

　これに対しD氏は、福祉事務所長が本件保護申請に対し、医療扶助のみを認め、生活扶助と住宅扶助を認めなかったことが違法であることの確認（および名古屋市への慰謝料の支払い）を求めて訴訟を提起した（その後、請求の内容は、本件保護開始決定の取消しに変更されている）。本件では、D氏が、補足性の要件、特に稼働能力の活用という要件を充足していたかが主な争点となった。

1審判決では、D氏が軽作業を行う稼働能力と就労の意思を有していたものの、そのような状態で就労先を見つけることが極めて困難であったと認定したうえで、D氏が稼働能力活用の要件を満たしているとして、本件保護開始決定の違法性と慰謝料の支払いを認めた。

　2審判決では、稼働能力の活用を行っていたかどうかの判断基準として、①保護開始申請者が稼働能力を有し、その具体的な稼働能力を前提として、②その能力を活用する意思があり、③かつ実際にその稼働能力を活用する就労の場を得ることができるか否かにより判断されるべきであるとする、いわゆる「三要件」を示したうえで、D氏については、当時の愛知県における有効求人倍率からすれば、D氏が有する程度の稼働能力を活用する機会ないしは活用する場が存在したとして、D氏の請求を棄却した。

　D氏は最高裁に上告したが、係属中に死亡し、上告審は死亡により終了とされた。

　本件は、稼働能力の活用の有無に関する訴訟のリーディングケースとされており、先例としての意義は大きい。その後はこの点を争点とする判例が相次いで出されている（大津地裁平成24年3月6日判決、大阪地裁平成25年10月31日判決、いわゆる新宿七夕訴訟（第1審：東京地裁平成23年11月8日判決、第2審：東京高裁平成24年7月18日判決）など）。特にいわゆる新宿七夕訴訟（いわゆるホームレスの状態にあった男性が、稼働能力不活用を理由に保護申請を却下されたことを不服として提起された訴訟。提訴が2008年7月7日になされたことからこの名称で呼ばれている）の第2審判決は、保護申請者が稼働能力活用要件を満たすことを肯定した最初の高裁判決として注目された。

永住外国人と生活保護法の適用　【高訴訟・第1審：大分地裁平成22年10月18日判決、第2審：福岡高裁平成23年11月15日判決、最高裁平成26年7月18日判決】　E氏は、永住者の在留資格を有する外国人（永住外国人）である。夫が認知症のため入院して以降、夫の弟と生活していたが、その義弟に預金通帳や届出印を取り上げられるなどされ、生活費に事欠く状況となっていた。

　その後E氏は生活保護の申請をしたが、福祉事務所長は、夫の預金残高が

相当額ある等の理由により申請却下処分とした。これに対しE氏が、主位的には申請却下処分の取消し、および保護開始の義務づけを、予備的には生活保護基準に従った保護の実施および生活保護法による保護の実施を受ける地位確認を求めて訴訟を提起したのが本件である。

　1審ではE氏請求はいずれも棄却されたが、2審判決は、一定範囲の外国人に生活保護法上の待遇を受ける地位が法的に保護される旨判示し、E氏の請求のうち却下処分の取消しを求める部分について認容し、その他の請求を却下した。

　これに対し最高裁判決は、「外国人は、行政庁の通達等に基づく行政措置により事実上の保護の対象となり得るにとどまり、生活保護法に基づく保護の対象となるものではなく、同法に基づく受給権を有しないものというべきである」と判示し、2審判決を破棄している。

　本件最高裁判決は、永住外国人を含む外国人一般について、生活保護法の適用および準用の対象とならない旨を判示した最初の最高裁判決である。

保護受給世帯の高校生のアルバイト収入

【横浜地裁平成27年3月11日判決】　F夫妻はともに病気のため働くことができず、2010年4月から生活保護を受給していた。

　当時高校生であったF夫妻の長女Gは、2010年10月に予定されていた修学旅行費用の支払いを親に頼むことができず、同年6月から約1年間、薬局でアルバイトをして合計約32万6000円の収入を得ていたが、世帯主である父親のF氏は、これを収入として申告しなかった。

　これに対し福祉事務所長は、長女のアルバイト収入を申告しなかったことは、生活保護法78条1項にいう「不実の申請その他不正な手段により保護を受け」ること、いわゆる不正受給に該当するとして、2011年12月に、アルバイト収入に相当する金額の保護費の返還を求める決定を行った。これに対し、F氏が決定の取消しを求めて提訴したのが本件である。

　判決は、受給者向けに記載されていた高校生のアルバイト収入の申告義務について、担当のケースワーカーが内容を丁寧に説明していなかったなど、F氏に伝えていなかったと認定し、F氏が故意にアルバイト収入を申告しなかった

とする福祉事務所側の主張を退けた。そのうえで、約32万円のアルバイト収入のうち修学旅行費に充てた約9万8000円については収入にはあたらないとし、残りについても大学受験料などに使ったと認め、「これを申告せずに生活保護を受けたことを不正と断じるのは酷だ」としてF氏の請求を認め、決定を取り消した。

なお、本件のように、保護受給世帯の子弟が高等学校等で就学中にアルバイト等で得た収入については、私立高校における授業料の不足分、修学旅行費、クラブ活動費、学習塾費等に充てられる費用については必要最小限度の額を収入しないとする取扱いがすでに本件以前からなされていた。本件では被告（神奈川県川崎市）側が控訴せず、1審で判決が確定している。

長期療養中の妻の居住地

【藤木訴訟・東京地裁昭和47年12月25日判決】
いわゆる「藤木訴訟」には、第1次訴訟と第2次訴訟とがあり、さらに第1次訴訟には第1訴訟、第2訴訟、第3訴訟がある。ここでは、長期療養中の妻の居住地と福祉事務所の管轄が問題となった第1次訴訟の第1訴訟を取り上げる。

原告H氏は、夫と4人の子どもとともに生活していたが、夫の収入だけでは生活ができないため、自らも工場などで働いてきた。しかし1961年に大病を患い、長期の入院療養を余儀なくされ、入院費の支払いが困難な状態となった。夫は、H氏の入院後、自己の収入だけでは生活ができないため、生活保護を受給するようになっており、これに伴いH氏も医療扶助を受給することとなった。

1966年、H氏が障害年金を受給するなどの収入があったため、これが収入認定され、夫を含むH氏一家の生活保護は廃止された。その後、H氏は支給された障害年金を入院費と生活費に充てたが、1967年7月には給付金のすべてを費消した。

そのためH氏は、入院中の療養所所在地を管轄する東京都北多摩西部福祉事務所長（現武蔵村山市福祉事務所長）に対し、同年8月、現在地保護として生活保護の申請を行ったが、この申請は却下された。

却下の理由は、保護の実施責任は、夫婦の一方が入院している場合、同一世

帯として認定したうえで、その居住地を管轄する福祉事務所が責任を負っており、そのため、このケースでは当時夫が居住していた埼玉県与野市福祉事務所（現・さいたま市中央福祉事務所）に実施責任があるというものであった（なお、この当時、夫は別の女性と同棲しており、H氏が夫の居住地に復帰することは困難な状況であった）。

　H氏は審査請求、再審査請求を行ったがいずれも却下されたため、保護申請却下処分の取消しを求めて本件訴訟を提起した。

　判決は、H氏と夫の婚姻関係は実質的に破綻していたことを認めたうえで、H氏は、「もはや将来夫の住所地に復帰することが期待できず、かつ、その他の将来居住すべき場所も定まっていない状況にあったとみざるをえ」ず、「Hに対しては、その現在地を所管する実施機関（北多摩西部福祉事務所）が保護の実施責任を負うことになる」として、H氏の請求を全面的に認めた。本件は被告（福祉事務所長）側が控訴せず1審で確定している。

　本件確定後まもなく、居住地のない入院患者または介護老人保健施設入居者については、「原則としてその現在地である当該医療機関又は介護老人保健施設の所在地を所管する保護の実施機関が、保護の実施責任を負」い、（「生活保護法による保護の実施要領について」昭和38年4月1日厚生省社会局長通知第2の1）、また、「単身者で居住地のないものが入院または入所した場合は、医療扶助若しくは介護扶助又は入院若しくは入所に伴う生活扶助の適用について、保護の申請又は保護の申請権者からはじめて保護の実施機関に連絡のあった時点における、要保護者の現在地を所管する保護の実施機関が、保護の実施責任を負う」（同第2の1の（1））との通達が出され、現在もこれに基づく運用がなされている。

現に住居を有しない要保護者の居宅保護　【佐藤訴訟・第1審：大阪地裁平成14年3月22日判決、第2審：大阪高裁平成15年10月23日判決】　J氏は日雇労働者として働いていたが、1995年頃から仕事にあまりつけなくなり、野宿生活をするようになっていた。J氏は1996年5月に生活保護申請を行ったが、申請を受けた大阪市立更生相談所長（大阪市内の環境改善地区（いわゆるあいりん地区または釜ヶ崎地区）における住居のない要保護者にかかる生活保護事

務の委任を受けた保護実施機関）は、X一時保護所（更生相談所の付属機関）での収容保護とする決定を行った。その後Y厚生施設での保護に変更となり、約半年後に退寮すると同時に保護も廃止された。

　1997年1月、J氏は再び保護を申請し、X一時保護所での収容保護となり、その後Z更生施設での収容保護に変更されたが、8月にはそこも退寮し、同時に保護も廃止された。J氏が収容された施設を短期間で退寮したのは、J氏には聴覚障害があり、集団生活への適応が難しく、心理的負担が重かったためである。

　J氏は再び野宿生活へ戻ったが、同年10月、収容保護ではなく居宅保護を希望する内容の生活保護申請を更生相談所長に対して行ったが、同所長はX一時保護所での収容保護とする決定を行った。しかし、J氏はX一時保護所には現れなかった。

　同年11月、J氏は支援団体から借りた資金でアパートを賃借し、大阪市西成区福祉事務所長に保護を申請して居宅保護開始決定を受けた。

　J氏は、同年10月になされた収容保護決定（本件収容保護決定）を不服として、その取消しを求める審査請求を行ったが棄却された。

　そこでJ氏は、以下の点を求めて本件訴訟を提起した：

　（1）本件収容保護決定の取消し

　（2）更生相談所長に対して、以下の①②の理由によりJ氏が被った精神的損害ならびに本件収容保護決定により居宅保護を受けられず、出損を余儀なくされた敷金および家賃相当額の損害の国家賠償

　　①更生相談所長が、施設退所の際に正当な理由なく生活保護を廃止し、世塾を余儀なくさせたこと

　　②施設退所の際に、更生相談所長が居宅保護についての調査義務・説明義務を怠ったことにより、居宅保護への保護変更の要否等の決定を受ける権利および居宅保護の受給権が侵害されたこと

　（3）大阪府に対して、本件収容保護決定に係る審査請求を放置したことによる精神的損害の国家賠償

　1審判決は、（1）についてJ氏の請求を認め、本件収容保護決定を取り消

したが、（2）（3）の国家賠償請求についてはいずれも棄却した。

　2審において、被告である更生相談所長は、本件収容保護決定は、生活保護法30条1項但書にいう「これ（居宅保護）によることができないとき」に該当するとして、本件収容保護決定には理由があると主張した。これは、いわゆるホームレスには居宅保護をすることができないとする当時の制度運用には理由があるとする、1審での被告の主張を変更するものであった。

　判決は、J氏に対する生活扶助を、居宅保護によることができないとは確定できなかったにもかかわらず居宅保護を行っており、また、本件保護申請が30条1項但書に該当することについて、被告側からの主張・立証がなく、その要件を欠くものということになるから、本件収容保護決定は取消しを免れないとして、更生相談所長側の控訴を棄却した。

　本件以前の行政実務におけるホームレスに対する生活保護の取り扱いについては、保護実施機関に大幅な裁量権が認められ、その結果として、収容保護（なお、現在、「収容」という用語は「入所」に改められている）を原則とする取り扱いが慣行的になされてきた。本件1審判決および2審判決は、この点を改め、ホームレスに野宿生活から居宅保護への途を開いたものと評価されているが、実際には居宅保護への方向転換は十分に行われているとはいいがたいとの批判も根強い。

索　引

執筆者紹介
(執筆順、※は編者)

※増田　雅暢　　東京通信大学人間福祉学部教授　　　　　　　第1章

　西山　　裕　　一般財団法人厚生労働統計協会常務理事　　　第2章

※脇野幸太郎　　長崎国際大学人間社会学部准教授　　　　　　第3章・第8章・第12章

　木村　茂喜　　西南女学院大学保健福祉学部准教授　　　　　第4章・第6章・第9章

　嶋田　佳広　　佛教大学社会福祉学部教授　　　　　　　　　第5章

　濱畑　芳和　　立正大学社会福祉学部准教授　　　　　　　　第7章

　河谷はるみ　　西南学院大学人間科学部准教授　　　　　　　第10章

　廣田久美子　　福岡県立大学人間社会学部准教授　　　　　　第11章

Horitsu Bunka Sha

よくわかる公的扶助論
──低所得者に対する支援と生活保護制度

2020 年 3 月15日　初版第 1 刷発行

編　者　　増田雅暢・脇野幸太郎

発行者　　田　靡　純　子

発行所　　株式会社 法律文化社

〒 603-8053
京都市北区上賀茂岩ヶ垣内町 71
電話 075(791)7131　FAX 075(721)8400
https://www.hou-bun.com/

印刷：西濃印刷㈱／製本：㈱藤沢製本
装幀：白沢　正

ISBN 978-4-589-04051-0

| 佐々木隆治・志賀信夫編著 | ベーシックインカムは「癒し」の制度にあらず。今野晴貴氏・藤田孝典氏・井手英策氏ら社会運動や政策提言の最前線に立つ論者と研究者が、その意義と限界をさまざまな角度から検討する。ベーシックインカム論の決定版。 |

ベーシックインカムを問いなおす
―その現実と可能性―

A 5 判・224頁・2700円

志賀信夫著

貧 困 理 論 の 再 検 討
―相対的貧困から社会的排除へ―

四六判・224頁・3300円

従来の「相対的剥奪」から定義される貧困理論では説明できない「新しい貧困」をいかに捉えるか。理論研究のみならず、実証研究やその現場から得られた知見をもとに検討。今後の貧困理論の構築のため礎石となる書。

室住眞麻子著

家 計 か ら 診 る 貧 困
―子ども・若者・女性の経済的困難と政策―

A 5 判・226頁・4200円

家計をめぐる世帯内の力関係に注視して、家計から世帯や家族における個人の困窮＝貧困の現象を捉える。女性の貧困と子どもの貧困との相互関係を明らかにし、経済的支援の緊要性・重要性を唱える。

牧園清子著

生 活 保 護 の 社 会 学
―自立・世帯・扶養―

A 5 判・250頁・4600円

制度に大きな転換をもたらした自立支援の導入から現在に至るまでの生活保護制度の展開を実証的に考察する。制度運用上の基幹となる自立支援、世帯認定および扶養義務を中心に検討を試み、生活保護制度の変容と課題を明示する。

埋橋孝文／同志社大学社会福祉教育・
研究支援センター編

貧困と生活困窮者支援
―ソーシャルワークの新展開―

A 5 判・210頁・3000円

相談援助活動の原点を伴走型支援の提唱者・奥田知志氏の講演「問題解決しない支援」に探り、家計相談事業と学校／保育ソーシャルワークの実践例を紹介。領域ごとに研究者が論点・争点をまとめ、理論と実践の好循環をめざす。

―――――法律文化社―――――

表示価格は本体（税別）価格です